HOBBY

Glaskunst

in Tiffany-Technik

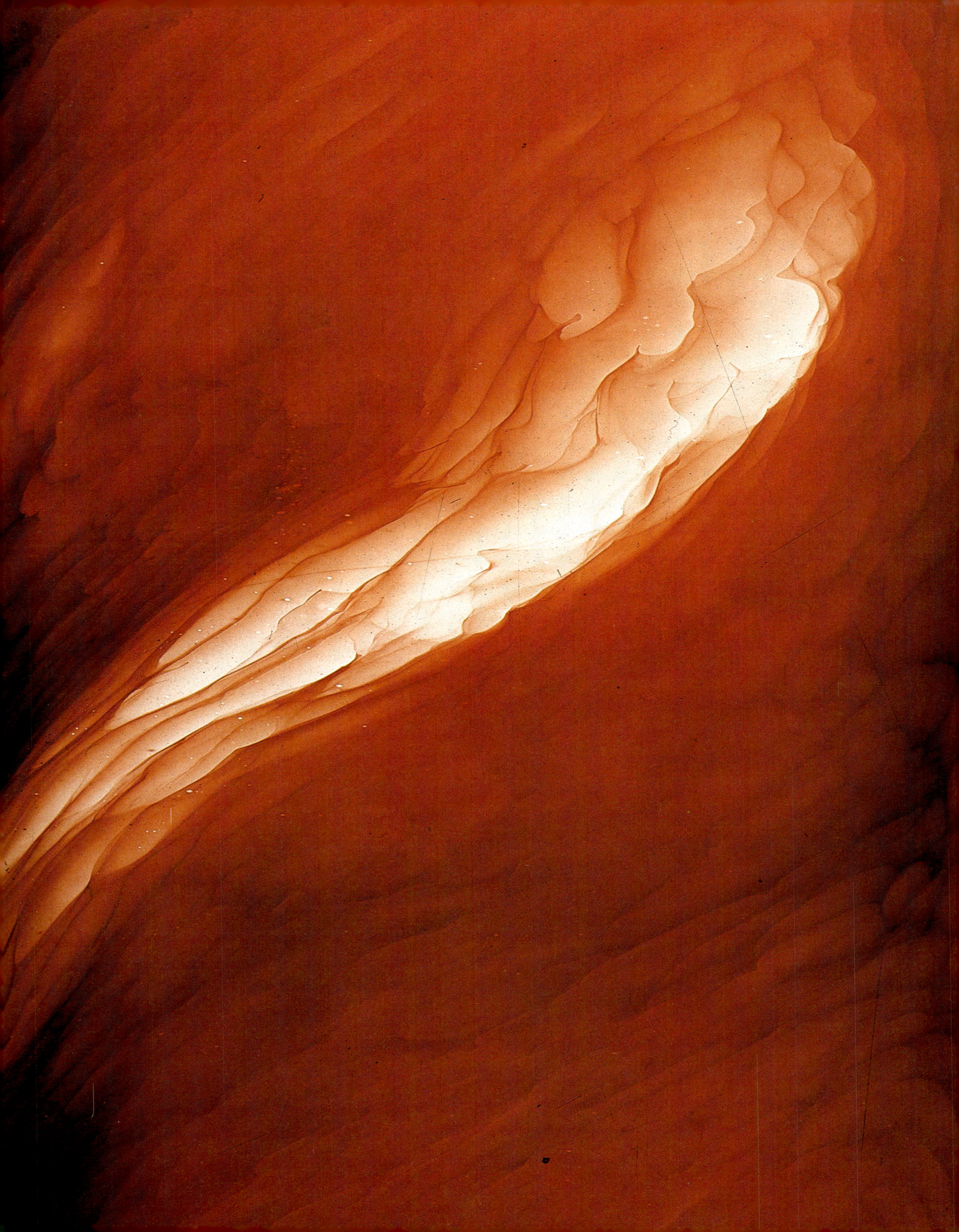

Nikolaus Köppel

HOBBY Glaskunst in Tiffany-Technik

FALKEN

Inhalt

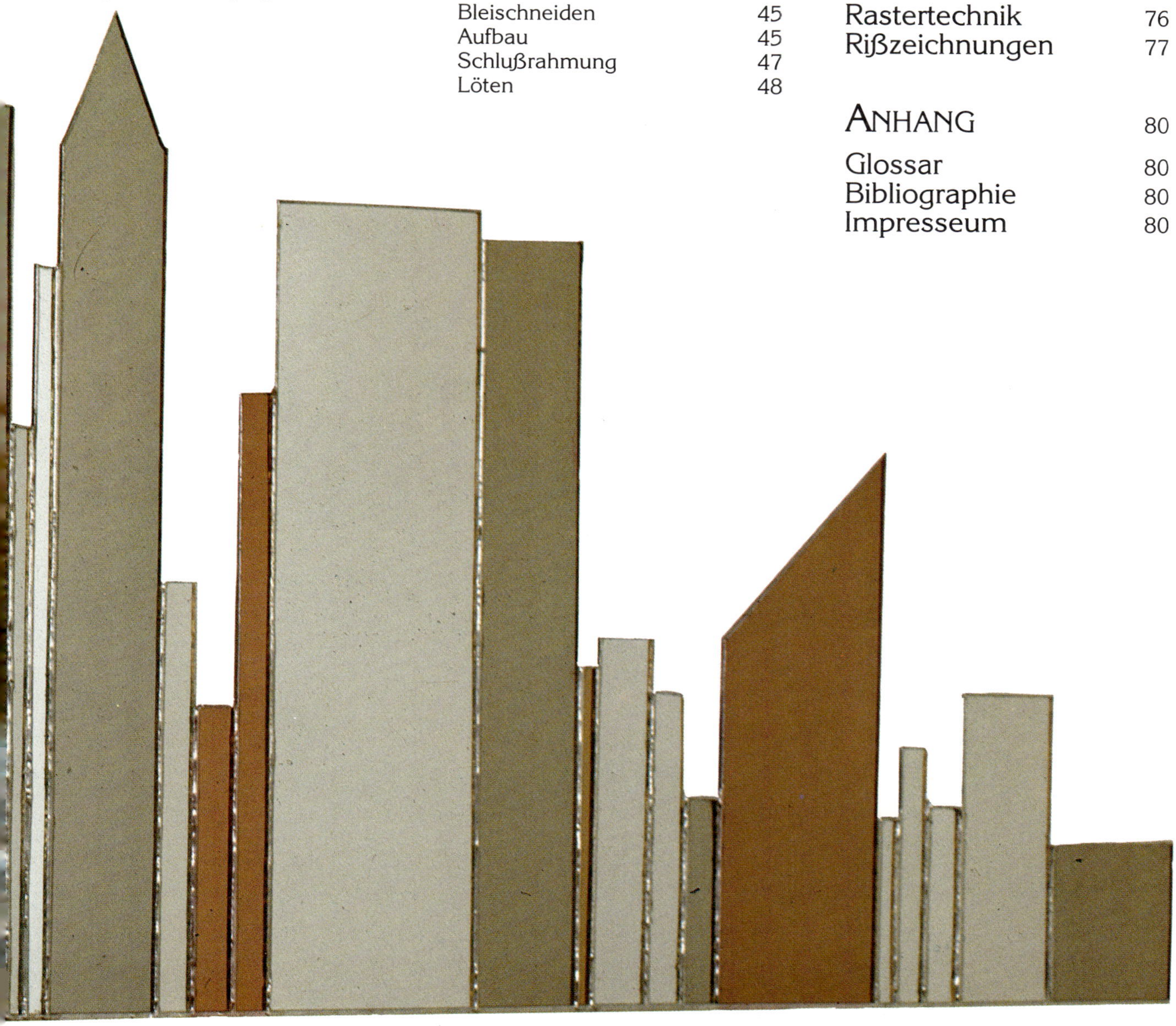

Tradition und Komposition

Louis Comfort Tiffany

»Tiffany & Company« ist ein Begriff, bei dem noch vor etwa zehn Jahren jeder an den weltberühmten amerikanischen Juwelier dachte. Nachdem Truman Capote's »Frühstück bei Tiffany« verfilmt worden war und man in allen Zeitungen lesen konnte, daß Richard Burton bei »Tiffany's« einen der teuersten Diamanten der Welt für Elizabeth Taylor gekauft hatte, ist der Name zum Inbegriff für Schmuck der Luxusklasse geworden. In den letzten zehn Jahren aber haben die Tiffany-Lampen und -Objekte in Europa so zahlreiche Liebhaber gefunden, daß sie die Bekanntheit von Tiffany-Juwelen zu überrunden scheinen. Es kommt wohl sehr selten vor, daß eine Familie sich in zwei verschiedenen Bereichen einen weltweiten Ruf erwirbt.

Louis Comfort Tiffany (1848–1933) war der Sohn von Charles Lewis Tiffany, dem Gründer der New Yorker Juwelenfirma »Tiffany & Company«. Er hatte bei seinem Vorhaben sicherlich einen leichteren Start als viele seiner Künstlerkollegen, denn er war finanziell unabhängig. Nicht jeder, der sich für die Herstellung von Glas interessiert, ist auch gleich in der Lage, seine Ideen zu verwirklichen, indem er eine eigene Glasfabrik und eine eigene Glashütte baut, wie Louis Comfort es getan hat. Allerdings sind die Leistungen Tiffanys nicht allein mit Reichtum zu erklären. Er brachte neben seinem Talent als Maler auch eine große Portion Neugier und Experimentierfreude mit.

Tiffany begann in den achtziger Jahren des 19. Jahrhunderts, sich den Bereichen des Kunsthandwerks zuzuwenden. Kunst für eine breite Bevölkerungsschicht war damals noch keine Selbstverständlichkeit. Die Idee, schöne Gebrauchsgegenstände herzustellen und auf diesem Wege die Schönheit der Kunst mit dem Bedarf des täglichen Lebens zu verbinden, war dem Engländer William Morris kurz zuvor gekommen. Louis Comfort Tiffany hat ihn gekannt, war vielleicht auch von ihm beeinflußt. Während aber William Morris den Sprung von der Herstellung einzelner Gebrauchsgegenstände für die reiche Oberschicht des Bürgertums zur Fabrikation erschwinglicher Produkte nicht schaffte, war dies von Anfang an Tiffanys Ziel. Sehr viel früher als in Deutschland die Künstler der Bauhaus-Bewegung, die zwischen 1919 und 1933 schöne und gleichzeitig funktionale Möbel, Lampen und andere Gebrauchsgegenstände für eine Massenproduktion entwarfen, hat Tiffany die Notwendigkeit und Möglichkeit des Kunsthandwerks im Industriezeitalter erkannt und genutzt. Mit seiner Idee, einem breiten Publikum schöne Gebrauchsgegenstände zugänglich zu machen, mit seiner künstlerischen Produktivität und letztlich auch mit seinem Sinn für Ökonomie hat er es geschafft, die Entwicklung des Kunsthandwerks entscheidend zu beeinflussen.

Er begann mit dem Entwerfen und Herstellen von Glasobjekten nach der Rückkehr von einer Europareise, in deren Verlauf er auch die Kathedrale von Chartres besichtigt hatte. Die Intensität und Leuchtkraft der alten Glasfenster hatten ihn beeindruckt. Ihm fiel auf, daß die Technik zur Herstellung von derartigem Glas offensichtlich verlorengegangen war, denn die zu seiner Zeit erhältlichen Gläser waren längst nicht so farbintensiv, wie er es in Chartres gesehen hatte. Die gängige Methode, farbiges Glas herzustellen, bestand damals darin, pulverisiertes Farbglas mit dem Pinsel auf einer Glasplatte aufzutragen und es anschließend auf der Oberfläche einzuschmelzen. Tiffany fing mit eigenen Experimenten an. Während schon die ersten seiner Glasbilder auf Ausstellungen bewundert wurden, baute er nacheinander zwei Glasfabriken, die aber durch Brände zerstört wurden. 1893 erwarb er eine eigene Glashütte und stellte in der Folgezeit Gläser von einer Schönheit her, wie sie in seinem Jahrhundert bis dahin nicht produziert worden waren.

Tiffany gründete dann in rascher Folge mehrere Gesellschaften, in denen er gemeinsam mit Künstlerkollegen kunsthandwerkliche Gegenstände entwarf. Seit 1902 existierten die »Tiffany-Studios«, in denen Stoffe, Teppiche, Möbel, Mosaiken, bleigefaßte Glasfenster, Vasen, Gebrauchsgegenstände, Sakralgefäße, Spiegel und auch die Innenarchitektur ganzer Häuser entworfen und hergestellt wurden. Louis Comfort Tiffany, der sich persönlich um die Organisation und die Entwürfe kümmerte und außerdem während der ganzen Zeit (ab 1894) einen Posten als Direktor in der väterlichen Firma innehatte, hinterließ ein umfangreiches künstlerisches Werk. Seine Ölbilder, Aquarelle und Temperamalerei, seine Glaskunstwerke und Buchgestaltungen sind vom Impressionismus und vom Jugendstil geprägt.

Mit der von ihm erfundenen Methode, einzelne Glasstücke nicht mehr mit Blei zu verglasen, sondern mit Kupferfolie zu umwickeln und dann zu verlöten, hat er das Kunsthandwerk um eine bleibende und fruchtbare Technik bereichert. Viele Motive können mit dieser Methode, die wir im Kapitel »Tiffany-Technik« ausführlich schildern, überhaupt erst umgesetzt oder doch zumindest zierlicher und einfacher hergestellt werden.

Eine letzte Bemerkung: Da Louis Comfort Tiffany der Erfinder einer bestimmten Art von Glas, aber als

Ein original Tiffany-Fenster

Künstler auch der Schöpfer ganz bestimmter, von ihm selbst hergestellter Gläser ist, kann die Bezeichnung »Tiffany-Glas« verwirren. Unter der Bezeichnung »Original Tiffany-Glas« erhalten Sie keineswegs von Louis Comfort Tiffany hergestellte Gläser, sondern nur solche, die nach seiner Methode fabriziert wurden.
Der interessierte Leser findet in der Bibliographie am Schluß dieses Bandes eine zweibändige Biographie zu Louis Comfort Tiffanys Leben und Werk verzeichnet, in der er nachlesen mag, was hier nicht ausführlicher dargestellt werden kann.

Mundgeblasene Vase »Römische Art«

Glasschale aus mundgeblasenem Antikglas

Glas – Geschichte und Bedeutung

Durch assyrische Keilschrifttexte der Zeit von etwa 1700 bis 700 v.Chr. wissen wir, daß das Material Glas den Menschen schon seit Jahrtausenden bekannt ist.

Natürlicherweise sind die Techniken zur Herstellung und Verarbeitung von Glas im Laufe der Zeit immer weiter verbessert worden, so daß sich immer mehr Möglichkeiten boten, diesen Werkstoff zu nutzen. Heutzutage ist Glas als ein universelles Material nicht mehr aus dem täglichen Leben wegzudenken: Es findet Verwendung als alltäglicher Gebrauchsgegenstand, in Kunst und Kunsthandwerk sowie in Wissenschaft und Technik. Angesichts einer Fülle von Glasprodukten, die zum Wegwerfen bestimmt sind, vergißt man leicht, daß Glas im 16. und 17. Jahrhundert ein Luxusgegenstand war.

Das älteste uns überlieferte Rezept zur Glasherstellung stammt aus der Bibliothek des assyrischen Königs Assurbanipal, der um 700 v. Chr. lebte. Die Römer haben Glas erstaunlicherweise kaum genutzt und ihre Gebrauchsgegenstände aus Keramik hergestellt. Erst seit dem Mittelalter findet Glas eine weitere Verbreitung. Kleinere Glas- und Spiegelstücke werden um 1100, der Mode entsprechend, am Gürtel oder am Hals getragen, was ein Hinweis auf die Kostbarkeit ist, die man dem Glas damals noch beimaß. Die erste »große Zeit« der Glaskunst begann im 13. Jahrhundert unter anderem mit den berühmten Glasfenstern der Kathedrale von Chartres.

Im 14. und 15. Jahrhundert setzen sich Glasfenster in bürgerlichen Häusern durch. In den Murano-Werkstätten Venedigs gelingt um 1500 die Herstellung von farblosem Glas. In der Fertigung von Gläsern und Glasgefäßen erwerben sich diese Werkstätten in der Zeit der Renaissance einen bedeutenden Ruf, den sie bis heute behalten haben. Im 16. Jahrhundert steigt der Bedarf an Glas stark an. Hatte man bis zu diesem Zeitpunkt hauptsächlich Augen für die Schönheit des Materials gehabt, so bekommen die Menschen mit der Blüte der Naturwissenschaften während der Renaissance einen Blick für die Nützlichkeit von Glas. Man benutzt

es jetzt auch zur Herstellung von Reise-Sanduhren; aber auch in der Optik, für Brillen, Mikroskope und Fernrohre. Mit der um 1688 entwikkelten Technik, Glasplatten und Spiegelglas zu gießen, konnten dann auch größere Flächen problemlos hergestellt werden, was der Verwendung und Verbreitung von Glas weiteren Auftrieb gab.
Die vielfältigen Neuerungen und Verbesserungen in Physik und Chemie, seit der Aufklärung im 18. Jahrhundert, können hier nicht dargestellt werden. Zwei Daten sollen aber kurz illustrieren, daß man im Laufe der Geschichte immer mehr Eigenschaften des Glases entdeckte und zu nutzen verstand, und daß die Verwendungsmöglichkeiten dieses Materials auch heute wahrscheinlich noch nicht ausgeschöpft sind. 1884 werden in Jena die berühmten Glashütten gegründet, die optische Spezialgeräte von bis dahin ungeahnter Präzision, aber auch feuerfestes Glasgeschirr herstellen. Etwa hundert Jahre später, heute, wird mit der Glasfaser-Technologie eine ganz neue Eigenschaft des Materials Glas bekannt, deren Bedeutung und Wirkung noch nicht abgeschätzt werden kann.

Mundgeblasene Säule aus Antikglas hergestellt in der alten Glasbläsertechnik

Farbige Glasbrocken aus der Schmelze

Glas – das Material

In seiner primitivsten Form besteht Glas aus geschmolzenem Sand. Übliches Gebrauchsglas enthält etwa 65 bis 75 Prozent Kieselsäure (Quarzsand, Siliciumdioxid), 10 bis 20 Prozent Alkalien (Laugen) und 10 bis 20 Prozent Kalk. Der eigentliche Glasbildner ist die Kieselsäure; Soda oder Pottasche werden als Flußmittel beigefügt, um die Schmelztemperatur zu senken. Der Kalk sichert die mechanische und chemische Haltbarkeit, die Stabilität des Materials.
Farbiges Glas wird hergestellt, indem man der Schmelzmasse Metalloxyde beimischt. Diese bewirken, daß das Glas nur Licht einer bestimmten Wellenlänge durchläßt, wodurch eine bestimmte Farbe erzeugt werden kann. Paradoxerweise ist also farbiges Glas eigentlich nicht farbig, das heißt, es enthält keine Farbpigmente. Die mannigfaltigen Farbeffekte bei Glas werden durch die Beimischung der verschiedensten Stoffe erreicht. Louis Comfort Tiffany verwendete beispielweise Salpeter, Knochenasche, Kochsalz, Mangan, Kobalt, Kupferoxyd, Arsen und wohl noch einige Stoffe mehr, über die er keine Auskunft erteilte.

Mit Hilfe der Tiffany-Technik kann eine Fülle von Glassorten verarbeitet werden, die die Tiffany-Studios, aber auch die Hobby-Märkte anbieten.
Für den Bau von Lampen wird hauptsächlich *Opalescentglas* verwendet, ein leicht marmoriertes Glas, dessen Lichtdurchlässigkeit sich in einem Spektrum von opaque bis transparent bewegt. Ist das Glas opaque, so dringt nur sehr wenig Licht hindurch, wenn man es vor eine Lichtquelle hält; ist es transparent, so dringt das Licht fast ungehindert durch. Auf jeden Fall aber verteilt sich bei Opalescentglas das Licht gleichmäßig auf dessen Oberfläche, so daß es den Anschein hat, als ob nicht die Lampe, sondern das Glas selber glüht. Opalescentglas erzeugt ein sehr mildes und weiches Licht. Es hat meistens eine Stärke von 3 mm.
Cathedral- und *Colorescentglas* eignen sich vor allem für Fenster, da sie sehr lichtdurchlässig sind. Für besondere Lichtpunkte innerhalb eines Lampenschirms können sie aber auch verwendet werden. Diese Gläser werden fast ausschließlich maschinell gefertigt, so daß sie entsprechend preiswert sind und sich besonders für die ersten Versuche des Anfängers eignen.
Glassorten, deren Rückseite geriffelt oder strukturiert ist, nennt man *Ripple-* oder *Strukturglas.* Diese Gläser eignen sich besonders gut für florale Motive. Blüten und Blätter aus Ripple erhalten durch ihre starke Strukturierung eine besondere Tiefenwirkung. Allerdings ist Rippleglas auch schwerer zu bearbeiten, denn durch die unebene Rückseite gelingt es nicht immer das Glas so zu brechen, wie man es angeritzt hat.
Antikglas ist mundgeblasen und transparent. Seine Farben sind sehr klar und leuchtend, seine Stärke schwankt zwischen 1,5 und 4,5 mm.
Man unterscheidet insgesamt *handgerollte* und *maschinengezogene* Gläser. Handgerollte Gläser sind in der Regel schwerer anzuritzen, da ihre Oberfläche nie ganz eben ist. Diese Unregelmäßigkeiten verleihen ihnen allerdings zusätzliche Reize. Die Übergänge in den Schattierungen zwischen Hell und Dunkel wirken hier organischer und harmonischer, während sie bei maschinengezogenen Gläsern oft abrupt und hart nebeneinanderstehen. Die maschinengezogenen Gläser bieten aber dafür den Vorteil, daß sie leichter zu verarbeiten und auch billiger sind.

Cathedralglas zeichnet sich durch eine hohe Transparenz aus. Es bietet sich vor allem für den Bau von Fenstern an.

Opalescentglas gibt es in verschiedenen Farben und Farbstrukturen.

Sie werden bei Ihrer Arbeit bemerken, daß unterschiedliche Farben auch unterschiedlich schwer oder leicht anzuritzen sind. Beispielsweise sind Gläser in den Farben Weiß oder Grün sehr viel besser anzuritzen als Gläser in den Selenfarben Gelb, Rot und Orange. Mit der Zeit bekommt man aber ein gutes Gefühl für die Andruckstärke, die man beim Ritzen der verschiedenen Glassorten und Glasfarben einsetzen muß.

Opalescentglas ist nicht gerade billig. Planen Sie deshalb sorgfältig, wie Sie die gewünschten einzelnen Formen auf der gekauften Glasplatte verteilen. Durch geschicktes Verteilen der Schablonen kann eine deutlich höhere Ausbeute erzielt werden. Als Anfänger sollten Sie allerdings etwa 30 Prozent Bruch einkalkulieren. Kaufen Sie daher immer etwas mehr Glas, als Sie eigentlich benötigen. Generell empfehlen wir einige Übungsversuche mit einfachem und preiswertem Fensterglas. (Die Technik des Glasschneidens behandeln wir ausführlich im Kapitel »Schneiden«.)

Bei Opalescentglas verteilt sich das Licht gleichmäßig auf der Oberfläche. Es eignet sich hervorragend für den Bau von Lampen.

Glasjuwelen und -diamanten gibt es in den unterschiedlichsten Formen und Größen. Zur Verarbeitung in Lampen eignen sich besonders Glasjuwelen, weil diese sich durch ihren runden Schliff harmonisch in die Jugendstilentwürfe einpassen lassen und außerdem für reizvolle Lichtpunkte innerhalb des Lampenschirms sorgen. Glasdiamanten dagegen haben einen Facettenschliff und brechen das Licht auf vielfältige Weise. In Spiegelumrandungen bilden sie ein interessantes Mittel zur Auflockerung. Glasnuggets sind unregelmäßig geformte kleinere Steine, die sich besonders für Mosaikarbeiten anbieten.

Uroboros-Glas wird in den USA hergestellt. Auf eine bereits gegossene Glasplatte werden hauchdünne farbige Glasplättchen aufgelegt und bei etwa 600 Grad eingebrannt.

Kokomo-Glas ist ein in den USA hergestelltes Glas, das sich vor allem durch seine Vielfarbigkeit auszeichnet.

Chikago-Glas variiert in seiner Lichtdurchlässigkeit von transparent bis opak.

Antikglas bezaubert durch seine strahlenden Farben. Da es mundgeblasen ist, enthält es in der Regel mehrere Lufteinschlüsse in Form von Linsen oder Kanülen, die das Licht auf interessante Weise brechen.

Farben und Formen

Die Auswahl geeigneter Glassorten für bestimmte Objekte, insbesondere aber die Kombination verschiedener Gläser erfordert Geschmack und ein geübtes Farbgefühl. Beides kann an dieser Stelle nicht ausreichend vermittelt werden, allerdings sollen trotzdem einige Hinweise zur Beurteilung der Farben und ein paar Tips in bezug auf harmonische Farb- und Form-Kompositionen gegeben werden.
Jede Farbe hat *drei Dimensionen.* Die erste ist der *Farbton,* den man mit den Namen der einzelnen Farben (Grün, Rot, Rosa, . . .) bezeichnet. Die zweite Dimension der Farbe ist ihre *Intensität;* derselbe Farbton kann hell oder dunkel, matt oder leuchtend sein. Die dritte Dimension besteht aus dem sogenannten *Farbwert,* der sich aus der Nähe des Farbtons zu Schwarz oder Weiß bestimmt. Eine helle Farbe, beispielsweise Gelb, ist näher an Weiß und hat daher einen hohen Farbwert. Eine dunkle Farbe, beispielsweise Violett, liegt näher bei Schwarz und hat dementsprechend einen niedrigeren Farbwert.
Eine jede Farbenlehre muß von den drei *Primärfarben* (Gelb, Rot und Blau) ausgehen. Orange, Violett und Grün sind sogenannte *Sekundärfarben,* weil diese aus den Primärfarben als direkte Mischungen entstehen. Alle anderen Farbtöne setzen sich aus Mischungen dieser Farben zusammen.
Farbliche Harmonie kann nur durch eine ausgewogene Balance zwischen Farbton, Intensität und Farbwert erreicht werden. Größe und Form des in Frage stehenden Objektes spielen natürlich eine große Rolle. Eine Farbe, die in Farbton, Intensität und Farbwert gegenüber anderen dominiert, sollte besser nicht für größere Flächen verwendet werden. Anders als bei Bildern, Drucken, Plakaten, die das Licht reflektieren, sind ja die Glasobjekte lichtdurchlässig (sie transmittieren), und dies bedeutet, daß die einzelnen Farben nicht scharf getrennt sind, sondern bei der Betrachtung ineinanderfließen, sich überlagern. Die Nachbarfarbe wird die Wirkung einer Farbe stets beeinflussen.
Bei Glas kommen aber noch weitere Faktoren hinzu, die den Charakter der Farbe bestimmen: *Struktur* des Glases, *Dicke* des Glases, *Transparenz* des Glases. So kann eine wenig dominante Farbe durch die Verwendung von dickem oder strukturiertem Glas aufgewertet werden. Umgekehrt kann eine dominante Farbe durch die Verwendung von sehr transparentem Glas abgemildert werden.
Wer sich in seinem Farbensinn nicht besonders sicher fühlt, sollte vielleicht zunächst mit Ton-in-Ton-Kompositionen beginnen, die hier und da, aber sparsam, durch eine auffälligere Farbe aufgelockert werden können. Eine gute Methode ist es auch, sich an den Komplementärfarben zu orientieren. Bezogen auf den nebenstehenden Farbkreis sind Komplementärfarben diejenigen Farben, die sich im Farbkreis gegenüberstehen: Rot und Grün, Blau und Orange, Gelb und Violett. Blau- und Brauntöne eignen sich gut für den Hintergrund eines Glasbildes, den Rahmen oder Rand eines Objektes. Rot und Orange sollten nur »verhalten« eingesetzt werden, man kann ihre Wirkung mildern, indem man weißes Glas in ihrer Nachbarschaft verwendet. Gelb ist eine sehr aggressive Farbe; leuchtende Gelbtöne sollten vermieden werden, sanfte Gelbtöne korrespondieren gut mit Blau. Grün zeichnet sich durch eine hohe Verträglichkeit mit anderen Farben aus. Farbtöne mit einem Graustich eignen sich gut zum Abtönen und Abdämpfen starker Farben.
Bevor Sie an die Herstellung Ihres Glasobjektes gehen, sollten Sie die ausgewählten Farbgläser auf die Fensterbank legen und bei Tageslicht betrachten. Wenn Sie eine Lampe bauen wollen, müssen Sie die Glasstücke vor eine künstliche Lichtquelle halten, denn je nach den Lichtverhältnissen verändert das Glas seine Farbe.
Die Komposition der Farben kann nur im Zusammenhang mit der Form des Objekts entschieden werden. Auch bei der Form muß auf Harmonie und Ausgewogenheit geachtet werden. Man hat zwar oft den Eindruck, als ob die Welt ständig um neue Formen bereichert würde, aber in der Regel lassen sich viele Formen auf einen gemeinsamen Ursprung reduzieren, so daß die Formenvielfalt längst nicht so groß ist, wie man glaubt. Im Verlauf der Formengeschichte, die an der Kunst studiert werden kann, haben sich fundamentale und auch klassische Formen herausgebildet. Teilweise entstammen diese Formen der Natur, teilweise der Kunst. Die Geometrie kennt einen ganzen Katalog von Formen, die sie der Natur in abstrahierender Weise abgewonnen hat. Solche fundamentalen Formen, wie beispielsweise ein Blatt oder ein Dreieck, können zwar unendlich variiert werden, aber verleugnen doch nie die Urform, von der sie herrühren. Auch wenn man etwas ganz Neues schaffen will, muß man sich so an der Formengeschichte orientieren. Natur, Kunst und Geometrie sind die Lehrmeister, von denen man alles lernen kann.

Monochromatische Farbreihen: links warme Rottöne, rechts kühle Blautöne.
Bei Ton-in-Ton-Kompositionen kann man nichts falsch machen.

Der Farbkreis nach Itten veranschaulicht, was van Gogh über »die großen Wahrheiten der Farbe« schrieb: »Es gibt in der Natur drei Elementarfarben, die nicht auf andere zurückgeführt werden können, die Primärfarben Gelb, Rot, Blau. Wenn sich jeweils zwei von ihnen mischen, entstehen die Sekundärfarben Orange, Grün, Violett. Jede aus zwei Primärfarben gemischte Sekundärfarbe bildet mit der jeweils dritten Primärfarbe einen Kontrast, bei dem sich beide zur höchsten Intensität steigern; man nennt sie komplementär.«
Komplementärfarben bezeichnet man auch als Gegenfarben, weil sie – sofern nicht vom Maler oder Fotografen hinzugefügt – vom Auge von sich aus gefordert bzw. erzeugt werden.

(Farbkreis: Johannes Itten, »Kunst der Farbe«, Otto Maier Verlag Ravensburg)

Was die Kunst betrifft, so sind *Jugendstil, Art Deco, Sezessionismus,* aber auch Pop-art besonders ergiebig und reizvoll in den Impulsen, die sie dem Tiffany-Künstler geben können. Spiegel, Lampen und andere Gebrauchsgegenstände gehören seit der Jahrhundertwende verstärkt zum Repertoire der Künstler, und der Besuch einer Ausstellung über diese Zeit kann hervorragende Anregungen bieten.

Neben der Möglichkeit, klassische Formen zu kopieren, gibt es selbstverständlich auch die, den eigenen Sinn für Gestaltung und Design zum Zuge kommen zu lassen. Generell ist Design der Versuch, einen Raum in Formen und Flächen und Farben aufzuteilen, während Gestaltung der Versuch ist, einen Raum aus Formen, Flächen und Farben zu schaffen. Vor allem bei der Komposition geometrischer Elemente kann das Prinzip des Designs oder der Gestaltung leicht erkannt oder beschrieben werden. Wenn man eine harmonische geometrische Form entwerfen möchte, so sollte man sich die *Kompositionsmittel* vergegenwärtigen, die in diesem Fall zur Verfügung stehen:

1. *Wiederholung:* bestimmte Elemente, Formen werden an verschiedenen Stellen des Entwurfs eingesetzt.
2. *Rhythmus:* die Zuordnung der Elemente folgt einem bestimmten Rhythmus oder Prinzip. Gleiche Elemente sind nicht willkürlich oder unregelmäßig, sondern rhythmisch oder in bewußter Arrhythmie über den Entwurf verteilt.
3. *Balance:* ein jedes Element erhält seine Wirkung aus der Korrespondenz mit den anderen, gleichen Elementen (Rhythmus) und aus der Nachbarschaft zu den Elementen seiner Umgebung. Die unmittelbare Nachbarschaft kann ein Formelement betonen oder neutralisieren, aufheben oder verstärken.
4. *Proportion:* das Verhältnis der Form zur Größe des Objekts und das Verhältnis der Größe der einzelnen Formen zueinander bestimmen die Proportion.
5. *Fluchtpunkt, Zentrum:* es kann einen zentralen Punkt, ein zentrales Formelement geben, zu dem sich die anderen Elemente ausrichten. Die Lage dieses Punktes im Objekt ist wichtig, er muß mit Rücksicht auf die Perspektive bestimmt werden, aus der man das Objekt betrachtet.

Es gibt viele Möglichkeiten, sich für geometrische Formen Anregungen zu besorgen. Ein weites Feld bildet hier zum Beispiel die arabische und orientalische Ornamentik, die bisher von den Tiffany-Künstlern noch etwas vernachlässigt worden ist. Wer von Jugendstil und Art Deco weg will, wird hier anspruchsvolle Ornamente finden, die sich hervorragend in Glas ausführen lassen. Dies soll aber nur ein kleiner Hinweis für zukünftige Arbeitsmöglichkeiten in der Tiffany-Technik sein. Für den Anfänger sind orientalische Motive zunächst sicherlich in der Ausführung zu schwierig.

Einblicke in ein Glasstudio. Glas sollte möglichst stehend transportiert und gelagert werden.
Ein derartig professionell ausgerüsteter Arbeitstisch ist für den Hobbykünstler natürlich nicht notwendig.

Werkzeug und Zubehör

Die benötigten Materialien

Wir wollen Ihnen an dieser Stelle – bevor wir die einzelnen Arbeitsschritte schildern – schon einen Überblick über sämtliche Werkzeuge und Materialien geben, die Sie für die Arbeit benötigen. Wir erwähnen mit Absicht auch solche Gegenstände, die normalerweise in jedem Haushalt zu finden sind. Es ist sehr ärgerlich und überdies schadet es der Konzentration, wenn man während der Arbeit plötzlich noch das eine oder andere besorgen muß. Spezielle Werkzeuge, deren Nutzen und Verwendung Sie bei der Darstellung der einzelnen Arbeitsschritte kennenlernen werden, versehen wir hier mit einem kurzen Kommentar, verzichten aber auf die Empfehlung bestimmter Produkte. Der Markt ist in Angebot und Preis regional so unterschiedlich, daß jeder selbst herausfinden muß, mit welchen Produkten er am besten und preisgünstigsten arbeitet.

Entwurf

Für die Anfertigung eigener Entwürfe benötigen Sie:
☆ Karton oder Pappe (in der Größe des geplanten (Objekts)
☆ Pergament- oder Transparentpapier
☆ einen Filzstift
☆ einen weichen Bleistift
☆ ein Lineal
☆ Klebeband, doppelseitiges Klebeband
☆ eine normale Schere
☆ eine Schablonenschere (Diese trennt beim Schneiden die Pappe nicht nur, sondern nimmt zusätzlich einen schmalen Streifen Pappe weg, wodurch schon die späteren Lötnähte berücksichtigt werden.

Schneiden

Zum Glasschneiden benötigen Sie:
☆ eine feste Unterlage aus Preßspan oder Filz
☆ einen Fettstift
☆ Nähmaschinenöl, Petroleum (50:50 mischen)
☆ ein Metall-Lineal mit Gummibeschichtung
☆ einen Glasschneider (am besten eignet sich ein Hartmetall-Glasschneider mit nur einem Rädchen, dessen Verlauf man beim Schneiden mit dem Auge besser folgen kann. Sinnvoll sind solche Glasschneider, bei denen das Rädchen mit der Achse ausgewechselt werden kann, wenn es abgenutzt ist. Ergonomisch geformte Griffe erleichtern gerade dem Anfänger die Arbeit. Pinseln Sie das Rädchen nach jedem Schneiden sorgfältig ab, so daß es sich beim nächsten Gebrauch wieder frei drehen kann. Mit einem ölgetränkten Lappen sollte der Glasschneider von Zeit zu Zeit gereinigt werden. Ölen Sie die Achse regelmäßig mit dem Gemisch aus Nähmaschinenöl und Petroleum).
☆ einen kleinen Pinsel
☆ und natürlich Glas

Brechen

Zum Brechen des Glases benötigen Sie:
☆ eine Kröselzange (mit ihr können kleine, unsauber gebrochene Ecken an den Glasrändern »abgekröselt« werden).

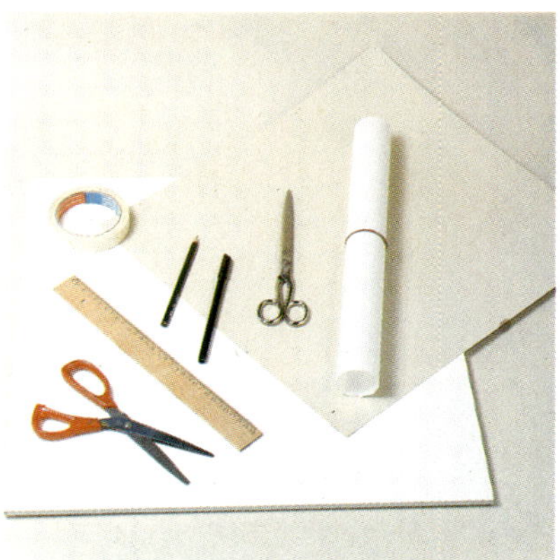

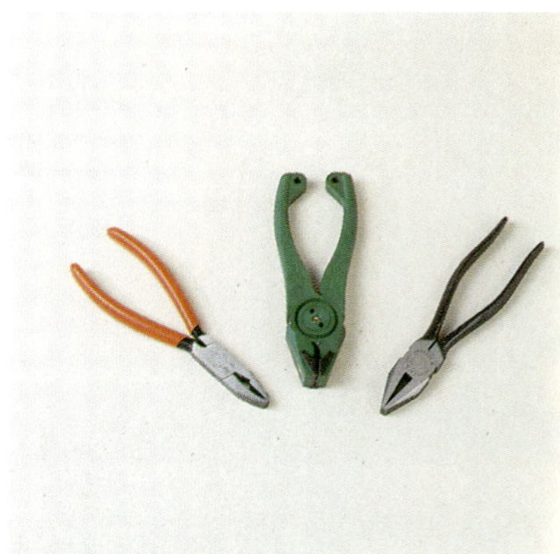

☆ eine Glasbrechzange (um schmale Glasstreifen abzubrechen, die der Hand keine Ansatzmöglichkeit bieten).
☆ eine Glaslaufzange (zum Abbrechen langer Schnitte. Ab einer gewissen Länge können Sie den zum Abbrechen bestimmten Streifen nicht mehr quer zur Laufrichtung des Schnittes anfassen und brechen, weil der von Ihnen ausgeübte Druck sich nicht mehr gleichmäßig über die Länge des Schnittes verteilen kann. Die Laufzange wird in Laufrichtung des Schnittes an dem abzubrechenden Glasstreifen angesetzt und kurz angedrückt. Wenn der Streifen jetzt nicht sofort abbricht, können Sie ihn leicht mit der Hand abknicken).

Schleifen

Zum Schleifen des Glases benötigen Sie:
☆ weiche Lappen aus Baumwolle oder Wegwerfpapier
☆ eine Styropor-Platte (in der Größe des geplanten Objekts)
☆ Stecknadeln mit Plastikköpfen
☆ eine Schleifmaschine (ihre Anschaffung ist für den Anfang nicht unbedingt nötig, aber angeraten. Das Schleifen mit der Hand ist mühselig, zeitraubend und längst nicht so sauber wie das Maschinenschleifen. Auch mit einem Schleifaufsatz auf Ihrer Bohrmaschine kommen Sie nicht gut weiter, da man mit ihr nicht naßschleifen kann. Trockenschleifen gefährdet Ihre Augen und Ihre Lunge, in die kleinste Glasteile eindringen könnten. Mit der Schleifmaschine werden die Ränder der Glasstücke plan geschliffen, damit die Kupferfolie beim Umfalzen nicht beschädigt wird. Beim Naßschleifen kann die Schleifflüssigkeit spritzen, dekken Sie daher in der Nähe befindliche Möbel mit Plastikfolie ab).
☆ Abdeck- oder Plastikfolie
☆ eine Schutzbrille
☆ eine Schürze

Kupferfolien-Technik

Für die Kupferfolien-Technik benötigen Sie:
☆ ein Messer
☆ einen kleinen Roller (Rollrädchen)
☆ Kupferfolie (je nach der Dicke des Glases in verschiedener Breite und Stärke. Der Händler wird Sie beim Kauf des Glases beraten, so daß Sie die richtige Kupferfolie verwenden).
☆ Acryl-Lack für Spiegel (am besten aus der Spraydose)

Löten

Für das Löten benötigen Sie:
☆ Stearinöl oder Lötwasser
☆ einen Pinsel
☆ einen Lötkolben mit Ständer (Minimum: 75 Watt)
☆ Lötfett
☆ Lötzinn (50 Prozent Zinn, 50 Prozent Blei)

Patinieren

Für das Patinieren benötigen Sie:
☆ Patina
☆ Handschuhe (aus Gummi)
☆ einen Lappen oder einen Schwamm

Lassen Sie sich von der Länge dieser Aufzählung nicht abschrecken. Mit der zunehmenden Verbreitung des Tiffany-Hobbys sind die Werkzeuge in den letzten Jahren immer preiswerter geworden. Nach diesen Anschaffungen kommen auf Sie als einzige Folgekosten noch die für das Glas hinzu. Gemessen an dem Wert der Objekte, die, wenn man sie fertig kauft, außerordentlich teuer sind, ist »Tiffany« letztlich ein sehr preiswertes Hobby.

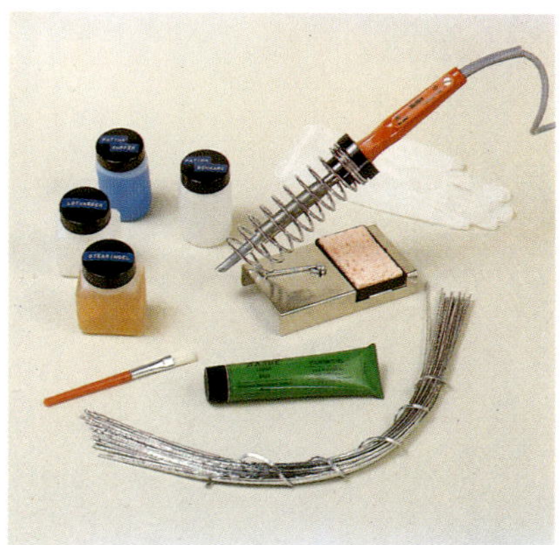

Technik

Entwurf

Der Entwurf bildet das Fundament jeder handwerklichen oder künstlerischen Arbeit. Nur Genies können darauf verzichten. Auch der Profi mag sich möglicherweise im Verlaufe seiner langen Erfahrung die Fähigkeit erworben haben, einen Entwurf nur noch in seinem Kopf auszuführen und ohne Skizze an die Arbeit zu gehen, aber für den Anfänger gilt die einfache Regel: Spontaneität ist schädlich.

Es kann zwar manchmal nicht schnell genug gehen, und man macht sich auch mit großem Eifer ans Werk, aber in der Regel wird das Ergebnis in solchen Fällen enttäuschen. Mit den augenscheinlichen Mängeln der ersten Arbeit kann dann sehr leicht auch die Lust am Hobby schwinden. Da ist es schon besser, wenn man ein wenig mehr Zeit für die Planung verwendet und dafür länger Freude an der ersten Arbeit hat.

Entwürfe oder Schablonen für Tiffany-Glasobjekte können selbst hergestellt, aber auch im Handel erworben werden. Auch der Anfänger kann durchaus mit eigenen Entwürfen beginnen, wenn er flächige, zweidimensionale Objekte bauen möchte. Bei Tiffany-Spiegeln haben oft gerade die Anfänger-Entwürfe eine überraschende und ausdrucksstarke Note. Schwieriger wird es bei dreidimensionalen Objekten, bei Lampen, Lichtkörpern, Schalen und dergleichen mehr. Hier sollte auf jeden Fall zunächst mit gekauften Schablonen gearbeitet werden. Letztlich muß jeder selbst entscheiden, ob er eigene Ideen verwirklichen möchte oder lieber klassische Tiffany-Kompositionen nachbaut.

Schablonen aus dem Handel

Sie können im Handel einen Schnittbogen kaufen, der die Umrisse aller erforderlichen Teile enthält. Sie müssen ihn zunächst auf Transparentpapier übertragen. Nehmen Sie dazu einen weichen Bleistift, damit das Papier nicht beschädigt wird. Vom Transparentpapier übertragen Sie den Schnittbogen auf einen Pappkarton. Erst in der Pappe werden die einzelnen Teile sorgfältig ausgeschnitten. Zum Ausschneiden verwendet man die Schablonenschere, die nicht nur trennend schneidet, sondern einen schmalen Streifen wegnimmt, womit schon die späteren Lötnähte berücksichtigt werden. Mit Hilfe der ausgeschnittenen Papp-Schablonen können Sie jetzt die einzelnen Glasstücke herstellen, indem Sie die Schablonenstücke auf das gewünschte Glas auflegen und mit einem Filzstift die Konturen nachfahren. Dieser Filzstiftlinie folgen Sie dann später mit dem Glasschneider. Vergessen Sie nicht, die einzelnen Stücke des geplanten Objekts sowohl auf der Pappe wie auch auf dem Tansparentbogen zu numerieren. Sie vereinfachen so die spätere Zuordnung der Glasteile.

Der Entwurf wurde auf einen Pappkarton übertragen.

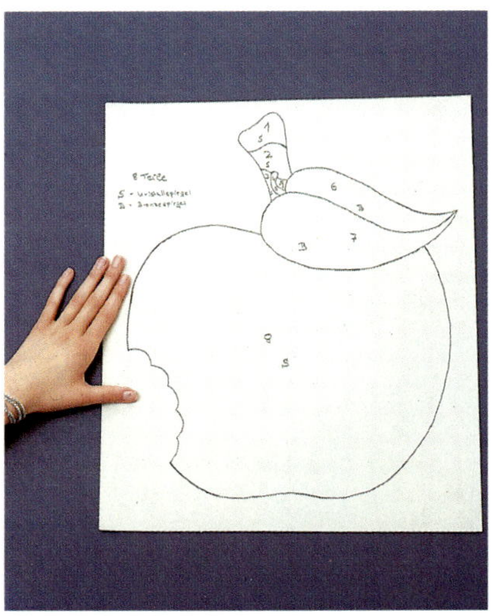

Die Zeichnung ist auf Transparentpapier kopiert worden.

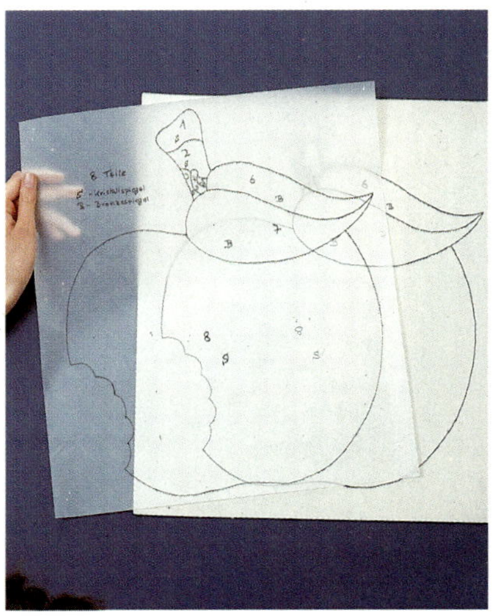

Mit der Schablonenschere schneidet man die einzelnen Formen aus.

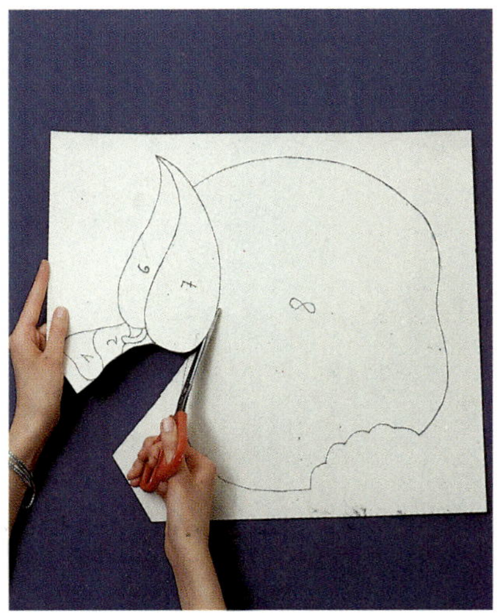

Den Schnittbogen aus Transparentpapier lassen Sie unzerschnitten und kleben ihn mit etwas Klebeband auf einer großen Styropor-Platte fest. Auf dieser Unterlage können Sie die fertig zugeschnittenen und geschliffenen Glasstücke an der vorgesehenen Stelle mit Stecknadeln fixieren. Stecken Sie die Nadeln senkrecht, nicht schräg, dicht neben den Glasrand in das Styropor, damit das Stück nicht mehr verrutschen kann. Sie sind so in der Lage, ohne daß die Glasstücke schon miteinander verbunden wären, die Komposition der verschiedenen Farben zu begutachten und gegebenenfalls zu korrigieren. Der Originalschnittbogen wird auf diese Weise nicht zerstört, so daß Sie ihn später noch einmal verwenden können.
Man kann im Handel auch sogenannte »Vollformen« beziehungsweise »Styropor-Segmente« erwerben. Wie Sie hiermit arbeiten, schlagen Sie bitte im Kapitel »Fallstudie Lampe« nach. Den gekauften Schablonen und Vollformen liegen häufig nur englischsprachige Anweisungen bei. Sie finden im Glossar am Schluß dieses Bandes eine Übersetzung der wichtigsten Begriffe.

So sieht der fertiggestellte Spiegel aus, bei dem Bronze- und Kristallspiegelglas verwendet wurde.

Die zurechtgeschnittenen Pappschablonen werden auf dem Transparentpapier überprüft.

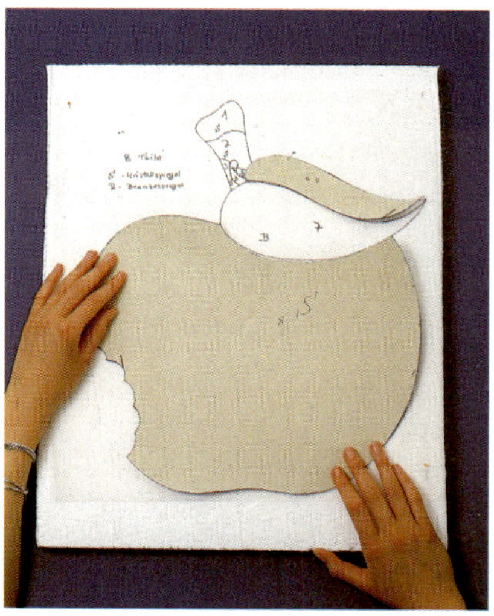

Die zugeschnittenen Pappschablonen legt man auf die gewünschte Glasplatte und umzeichnet sie mit einem Fettstift.

Selbstgefertigte Schablonen

Sie sollten Ihren Entwurf zunächst auf Pappe ausführen, dann anschließend auf Transparentpapier übertragen und die Pappe nach dem Numerieren ausschneiden. Das Transparentpapier wird, wie oben beschrieben, auf die Styropor-Platte aufgeheftet. Es ist empfehlenswert, die einzelnen Flächen des Entwurfs mit Buntstiften auszumalen. Sie erhalten so einen ersten Eindruck Ihrer Farbauswahl. Stark gekrümmte Kurven sollten bei Anfänger-Entwürfen vermieden werden.
Wenn Sie das folgende Glas-Objekt, den Apfel, anhand dessen Herstellung wir Ihnen Schritt-für-Schritt die verschiedenen Arbeitstechniken erklären, nacharbeiten wollen, so finden Sie die Rißzeichnung des Apfels im Kapitel »Rißzeichnungen« dieses Buches. Wie Sie diese Rißzeichnung auf die gewünschte Schablonengröße bringen können, schlagen Sie bitte unter dem Kapitel »Rastertechnik« nach. Auf diese Weise können Sie gleich am konkreten Objekt die verschiedenen Arbeitsschritte praktisch nachvollziehen.

Schneiden

Das Glasschneiden erfordert Übung. Besorgen Sie sich daher zunächst ein paar Stücke Bruch- oder Abfallglas, am besten natürlich in derselben Dicke, wie sie für Ihr späteres Arbeitsmaterial vorgesehen ist.
Legen Sie das Glas auf eine rutschfeste und ebene Fläche. Wir empfehlen Filztuch oder eine Wachsdecke, beides kann auf eine Holzplatte aufgeklebt oder festgenagelt werden.

Haltung des Glasschneiders

Jeder muß die für sich günstigste Haltung selbst ermitteln. Man hält den Glasschneider entweder zwischen Daumen und Zeigefinger (wie einen Kugelschreiber) oder zwischen Zeige- und Mittelfinger. Man kann den Glasschneider vom Körper weg oder zum Körper hin führen. Man zieht ihn aber in der Regel nur dann zum Körper hin, wenn man entlang eines Lineals (Metall-Lineal mit Gummibeschichtung)

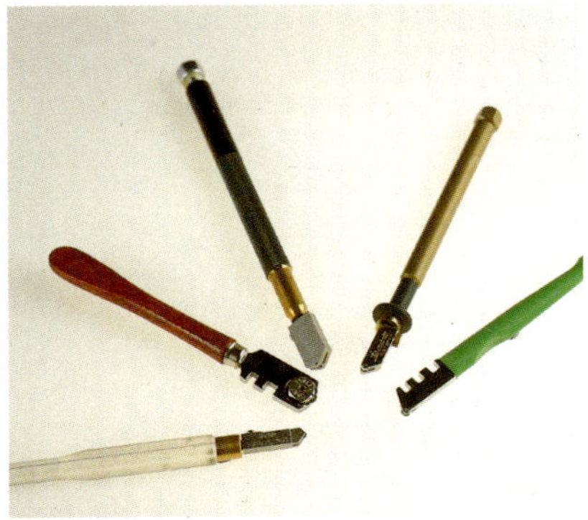

eine längere Linie schneiden möchte. Die Schnitte von Rundungen, deren Verlauf man vor der schneidenden Hand besser folgen kann, lassen sich mit der vom Körper weggeführten Bewegung (Schieben, Drücken) sehr viel exakter ausführen.

Führung des Glasschneiders

Je nach der Dicke und der Farbe des Glases müssen Sie die Andruckstärke variieren. Wir hatten schon erwähnt, daß bestimmte Farben (Orange, Rot) schwerer zu ritzen sind und eine größere Andruckstärke erfordern.

Wichtig: Damit der spätere Schleifvorgang auf ein Minimum reduziert wird, sollte exakt entlang der vorgezeichneten Linie geschnitten werden.

Man hält den Glasschneider zwischen Zeige- und Mittelfinger oder

zwischen Daumen und Zeigefinger.

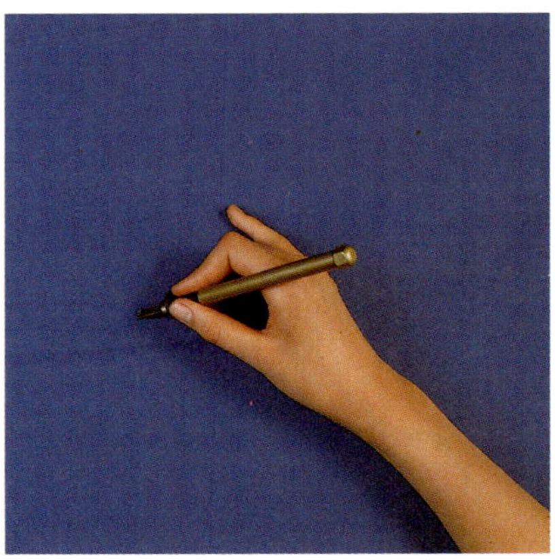

Mit dem Glasschneider fährt man auf oder an der Innenseite der vorgezeichneten Linien entlang.

Wenn die Linie nach dem Schneiden weiß wird, haben Sie zu fest gedrückt. Ein korrekt ausgeführter Schnitt darf nur als dünne Spur auf der Glasoberfläche zu sehen sein. Eine solche Spur oder Linie nennt man »Fissur«.
Einmal gezogene Linien können nicht mehr korrigiert werden. Sie dürfen mit Ihrem Glasschneider keinesfalls noch einmal durch eine bereits gezogene Fissur fahren, weil das Rädchen darin beschädigt würde. Außerdem würde das Glas an einer doppelt geschnittenen Linie nicht oder falsch brechen.
Führen Sie den Schnitt in einem ununterbrochenen, harmonischen Zuge vom Anfang bis zum Ende aus, ohne abzusetzen, ohne zu stokken, und ohne die Andruckstärke zu verändern. Überlegen Sie bei längeren Schnitten vorher, wo Sie stehen oder sitzen müssen, damit Sie die Fissur durchziehen können, ohne Ihre Körperhaltung verändern zu müssen. Schneiden Sie grundsätzlich von Rand zu Rand. Beginnen Sie aber nicht unmittelbar an der Kante, sondern etwa einen Millimeter dahinter, und beenden Sie den Schnitt ebenfalls etwa einen Millimeter vor dem anderen Rand. Sie verhindern so, daß der Glasschneider über die Kante wegrutscht und beschädigt wird. Für das spätere Brechen ist dieser Millimeter unerheblich. Sie werden mit der Zeit lernen, allein nach dem Geräusch zu beurteilen, ob ein Glas sauber brechen wird oder nicht. Wenn der Glasschneider mit der richtigen Andruckstärke und mit einer kontinuierlichen, aber energischen Bewegung geführt wird, ist ein gleichmäßiger, leicht kratzender Ton zu hören. Glas wird möglichst an seiner *glatten Seite* angeritzt.

Behandlung des Glasschneiders

Achten Sie darauf, daß das Rädchen des Glasschneiders immer gut geölt ist. Legen Sie den Glasschneider nach der Arbeit nicht einfach auf den Tisch, sondern stellen Sie ihn in ein Glas oder einen Becher, dessen Grund mit einem ölgetränkten Lappen ausgefüllt sein muß. Sie können einfaches Nähmaschinenöl verwenden, wie wir es im Kapitel »Werkzeug und Zubehör« empfohlen haben. Besser aber noch eignet sich eine Mischung aus Knochenöl und Petroleum (50:50), die nicht so schnell verharzt.

Tip: Bei Außenkurven löst man die Form zunächst durch mehrere gerade Schnitte (Tangentenschnitte) aus der Glasplatte heraus.

Hilfsschnitte

Hilfsschnitte werden immer dann notwendig, wenn Sie tiefer gewölbte Kurven schneiden müssen, ganz gleich, ob sie lang oder kurz sind. Bei solchen stärker gekrümmten Kurven wird auch der geübteste Glasschneider den Schnitt nicht gleichmäßig ausführen können, so daß das Glas unsauber brechen würde. Fahren Sie dennoch mit dem Glasschneider zunächst über die gewünschte Linie, ohne jedoch zu versuchen, das Glas an dieser Fissur brechen zu wollen. Tasten Sie sich dann anschließend mit mehreren sogenannten »Hilfsschnitten« an die von Ihnen gewünschte Linie heran. Beginnen Sie mit einer sanften Kurve, und steigern Sie dann die Krümmung der Kurven von Hilfsschnitt zu Hilfsschnitt, bis Sie sich der gewünschten Linie fast angenähert haben. Jetzt können Sie mit der Kröselzange die gekrümmten Streifen nacheinander herausbrechen.
Je tiefer eine Innenkurve ist, desto mehr Hilfsschnitte müssen gesetzt werden. Den verbleibenden Rest zwischen dem letzten Hilfsschnitt und der gewünschten Linie müssen Sie vorsichtig abkröseln oder aber mit dem Glasschleifer bearbeiten.

Zuerst trennt man das für die Arbeit nötige Teil mit geraden Schnitten von der übrigen Glasplatte ab.

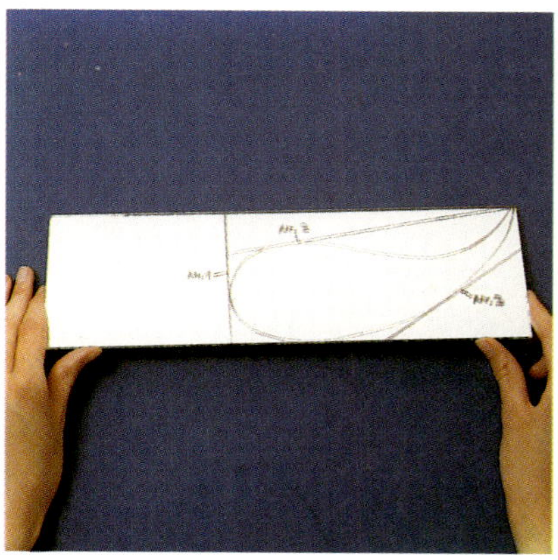

Einige Hilfsschnitte vermindern die Spannung des Glases und erleichtern so das Schneiden von Kurven.

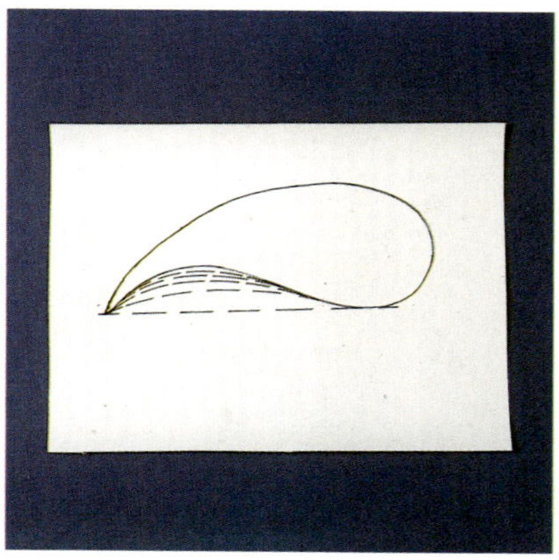

Auch bei der Kreisform beginnt man mit geraden Tangentenschnitten.

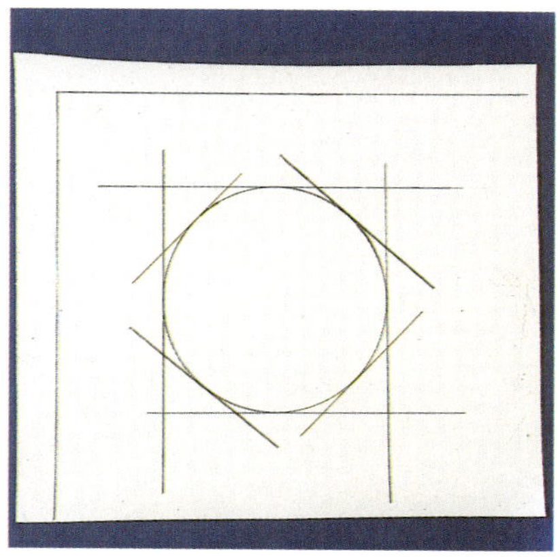

Brechen

Beim Arbeitsgang des Brechens empfiehlt es sich, die Schutzbrille aufzusetzen. Das ist zwar lästig, aber auf jeden Fall sicherer. Sie können die Gefahr, von absplitternden Glasstückchen getroffen zu werden, aber zusätzlich vermeiden, indem Sie die zu brechende Glasplatte schräg vor Ihren Körper halten, so daß der hintere Rand nach unten abfällt. Die Flugrichtung der Glassplitter ist so auf jeden Fall von Ihrem Körper weg.

Brechen mit der Hand

Größere Stücke können mit der Hand auseinandergebrochen werden. Bei längeren gekrümmten Linien gibt es keine andere Möglichkeit, als sie mit der Hand zu brechen. Bei geraden, langen Linien kann auch mit der Glaslaufzange gearbeitet werden. Wir empfehlen, lange, gerade Schnitte mit der Glaslaufzange zu brechen, wenn es sich um besonders dickes oder metalloxydreiches Glas handelt, insbesondere aber dann, wenn die Rückseite stark strukturiert ist.
Beim Brechen mit der Hand schließen Sie Ihre Hände zur Faust, fahren mit den angewinkelten Zeigefingern unter die Glasplatte und legen die beiden Daumen parallel zur Schnittlinie dicht neben die Fissur. Sie brechen das Glasstück jetzt so ähnlich wie eine Tafel Schokolade, indem Sie es mit geringem Kraftaufwand in der Mitte nach oben und an den Seitenrändern nach unten drükken. Sie brauchen Ihre Handrücken nur drehend nach außen abklappen zu lassen, um die Bewegung auszuführen, aber vergessen Sie nicht, die Glastafel dabei schräg nach unten von sich weg zu halten.

Klopfen

Auch sanftere Kurven, die man ohne Hilfsschnitte bewältigen will, lassen sich nicht immer auf Anhieb brechen. Man klopft das geritzte Glas in solchen Fällen leicht auf der Rückseite entlang der Fissur an. Sie können das mit dem Griff Ihres Glasschneiders machen. Manche Glasschneider haben zu diesem

Die angeritzte Seite wird beim Brechen vom Gesicht abgewinkelt, da Glassplitter abspringen.

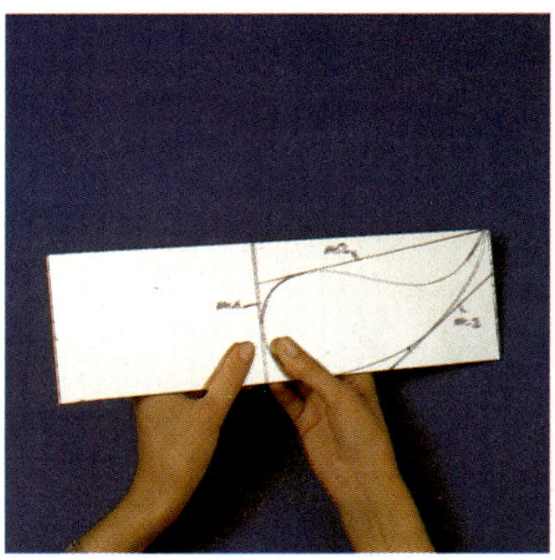

Bei geraden Schnitten ist Glas leicht mit der Hand zu brechen.

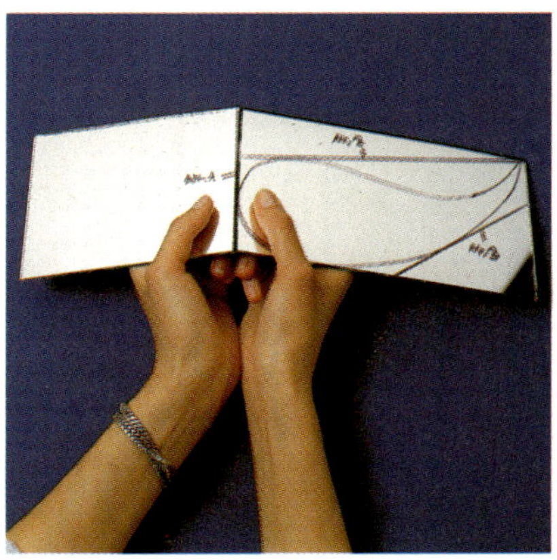

Bei dickerem Glas und bei Kurvenformen klopft man das Glas besser mit dem Griffende des Glasschneiders von der anderen Seite auseinander. Längere sanft gekrümmte Kurven bricht man mit der Hand.

Zweck eine kleine Messingkugel auf dem Kopf des Griffes, die sich zum Klopfen besonders gut eignet. Beginnen Sie mit dem Klopfen stets dort, wo die Kurve dem Rand am nächsten ist, und klopfen Sie dann nach beiden Seiten zum Rand des Glasstückes weiter.

Brechen mit der Glasbrechzange

Die Glasbrechzange ist nicht unentbehrlich. Sie eignet sich aber gut zum Abbrechen von längeren, geraden und schmalen Glasstreifen.

Brechen mit der Glaslaufzange

Mit der Glaslaufzange können nur gerade Schnitte gebrochen werden. Das Werkstück sollte mindestens vier bis fünf Zentimeter breit sein und eine Länge von einem Meter nicht überschreiten. Setzen Sie die Zange in Laufrichtung der Fissur direkt über der Schnittlinie am Rand an. Sie finden auf der Glaslaufzange oben eine weiße Markierungslinie, die genau mit der Schnittlinie übereinstimmen muß. Während Sie einen leichten Druck auf die Zange ausüben, sollten Sie die Glasplatte leicht anheben. Das Glas wird an der gewünschten Stelle sauber brechen.

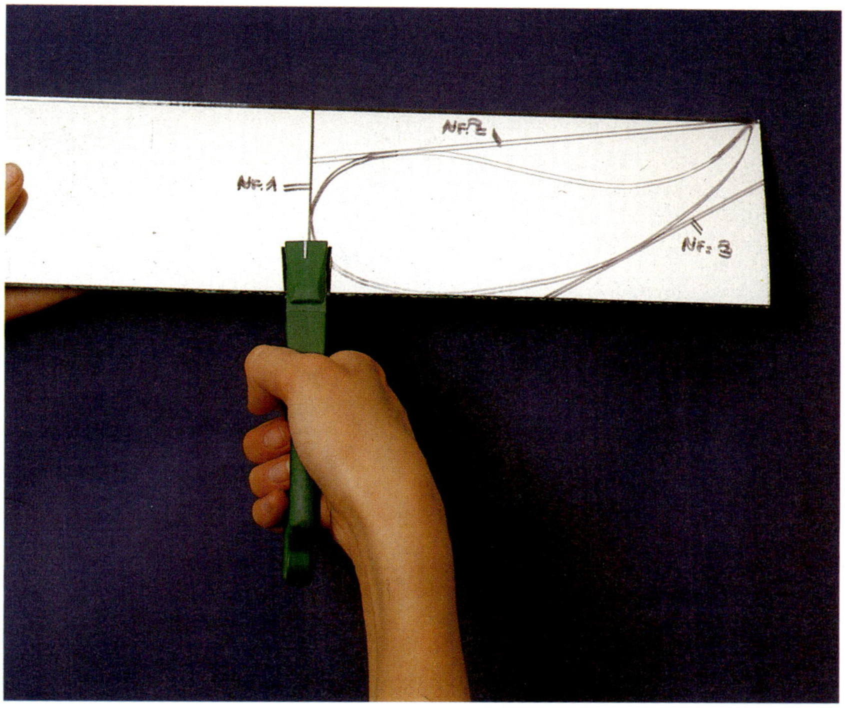

Die weiße Markierungslinie, die sich auf einer Backe der Glaslaufzange befindet, muß beim Brechen nach oben gehalten und exakt über die Schnittlinie (Fissur) gelegt werden. Man führt die Zange in Laufrichtung des Schnitts bis zum Anschlag über die Glasplatte.

Brechen mit der Kröselzange

Die Kröselzange ist die wichtigste Zange, die zum Glasbrechen benötigt wird. Sie können im Prinzip alle geraden und gekrümmten Linien mit ihr brechen, wenngleich sich für bestimmte Situationen – wie wir geschildert haben – andere Zangen besser eignen. Die Kröselzange wird grundsätzlich lotrecht (also in einem Winkel von 90 Grad) auf die Schnittlinie aufgesetzt. Mit einer nach unten geführten, abwinkelnden Bewegung wird das Glasstück gebrochen.

Mit der Glasbrechzange lassen sich längere Glasstücke abtrennen.

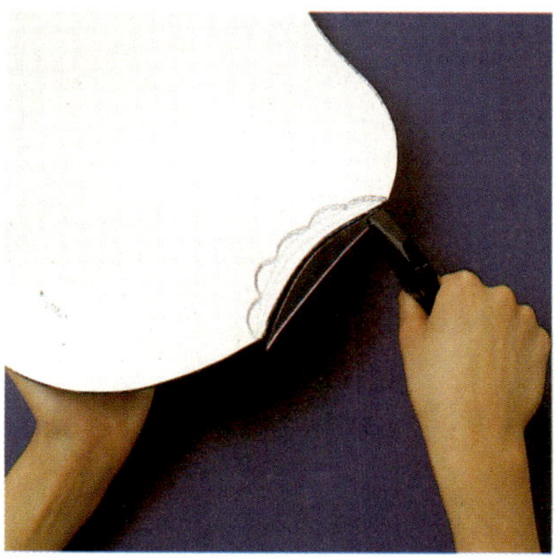

Mit der Kröselzange werden schmalere und kleinere Glasstücke gebrochen.

Glasreste, die nach dem Brechen stehengeblieben sind, werden mit der Kröselzange abgekröselt.

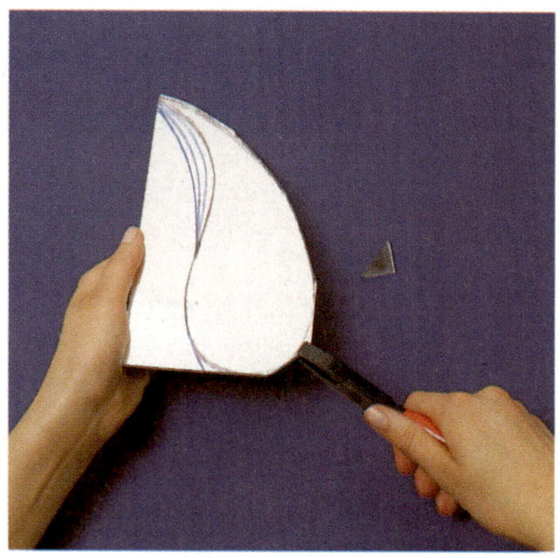

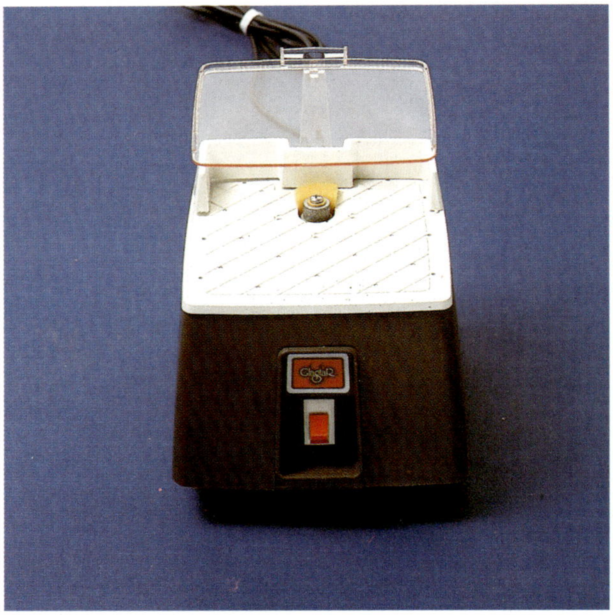

Eine Schleifmaschine beschleunigt die Arbeit wesentlich.

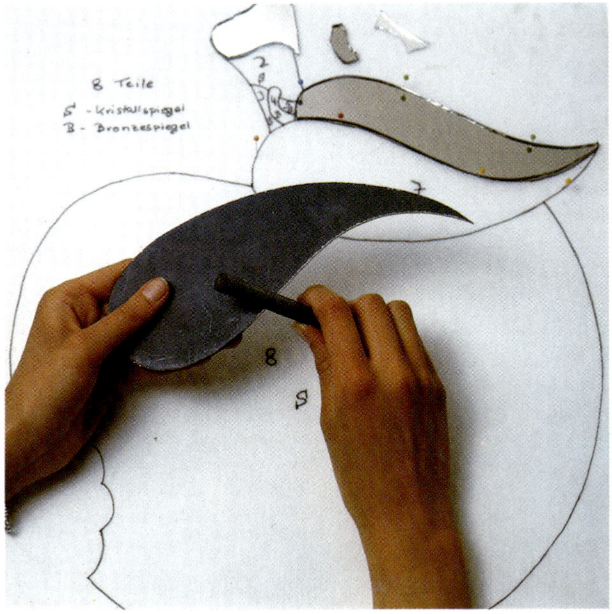

Wenn genau genug geschnitten wurde, reicht auch ein einfacher Schleifstein (Carborundumfeile).

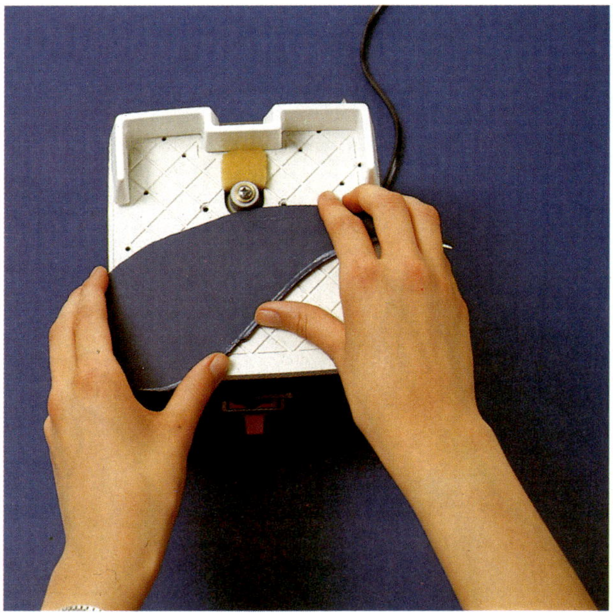

Spiegelglas sollte grundsätzlich mit der Rückseite nach oben geschliffen werden.

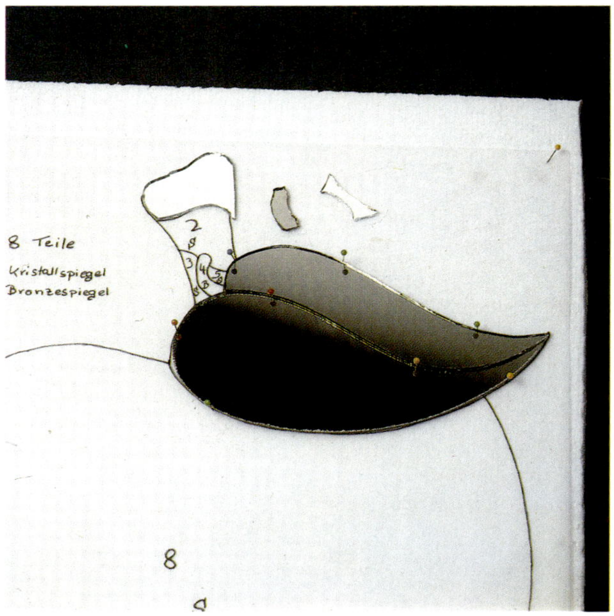

Fertig geschliffene Glasstücke werden mit Nadeln auf dem Transparentpapier mit Styroporunterlage befestigt.

Schleifen

Beim Glasbrechen sind an der Kante scharfe Grate und Unebenheiten entstanden. Diese müssen plan geschliffen werden, damit die Kupferfolie, die Sie später um die Ränder wickeln, nicht beschädigt wird und sauber haften kann. Außerdem wird Ihre Fissur nicht exakt entlang der mit dem Fettstift gezeichneten Linie verlaufen sein, so daß Sie noch ein wenig Glas abtragen müssen, damit das Werkstück nicht zu groß ist. Schleifen Sie daher stets so lange, bis von der Fettstiftlinie gerade nichts mehr zu sehen ist. Vergleichen Sie zwischendurch das Glasstück sicherheitshalber noch einmal mit der Originalschablone.

Die Benutzung des Glasschleifers ist in der beiliegenden Gebrauchsanweisung zu jedem Gerät ausführlich geschildert. Wir gehen deshalb nicht näher darauf ein. Der Schleifkopf dreht sich gegen den Uhrzeigersinn. Führen Sie das zu schleifende Glasstück sanft gegen die Laufrichtung entlang des Schleifkopfes. Abrupte oder zu fest ausgeführte Bewegungen können zu kleinen Haarrissen an den Rändern führen. Besonders bei Spiegeln muß man vorsichtig sein. Legen Sie ihre Rückseite nach oben, um Beschädigungen an der reflektierenden Schicht zu vermeiden. Durch längeres Verweilen am Schleifkopf können Rundungen in den Glasrand geschliffen werden. Es wird grundsätzlich naß geschliffen! Die Schleifflüssigkeit befindet sich im Boden des Schleifgeräts und wird durch die Drehbewegung automatisch nach oben gezogen. Sie kühlt den Schleifkopf und bindet die abgeschliffenen Glassplitter.

Reinigen

Nach dem Schleifen müssen die Werkstücke gereinigt werden. Wenn Ihre Größe mit der Originalschablone übereinstimmt, können sie dann mit Stecknadeln auf der Styropor-Platte an der vorgesehenen Stelle fixiert werden. Zum Reinigen eignet sich am besten eine handelsübliche Salmiaklösung aus der Sprühpistole, die mit Wegwerfpapier aufgetragen wird. Trocknen Sie Ihr Werkstück gut ab. Besonders die Ränder müssen vollständig trocken sein, bevor sie mit Kupferfolie umwickelt werden können.

Kupferfolien- oder Tiffany-Technik

Die Kupferfolien-Technik wird oft auch Tiffany-Technik genannt, weil sie von Louis Comfort Tiffany erfunden wurde. Ein Verlöten der verschiedenen Glasstücke wäre ohne Kupferfolie nicht möglich, weil das Lötzinn auf Glas nicht haftet. Daher umwickelt man die Ränder der einzelnen Glasstücke zunächst mit einer Kupferfolie, deren eine Seite mit einem Glaskleber beschichtet ist. Lötzinn und Kupfer gehen beim Löten eine chemische Verbindung ein, die auch für größere Objekte ausreichende Stabilität besitzt. Auf die sehr reizvolle und manchmal auch unerläßliche Kombination von Kupferfolien-Technik und Bleiverglasung kommen wir im Kapitel »Bleiverglasung« noch zu sprechen. Kupferfolie ist in einer Breite von 3 bis 10 mm und in verschiedener Stärke im Fachhandel erhältlich. Welche Folienbreite und welche Folienstärke Sie verwenden müssen, hängt von der Dicke des Glases, von der Größe des Glasstükkes, aber auch von der Gesamtgröße des geplanten Objekts ab. Je breiter und stärker die Folie ist, desto stabiler wird die gelötete Verbindungsnaht sein. Daher müssen größere Glasstücke, auch wenn sie aus dünnem Glas sind, mit entsprechend breiterer oder stärkerer Folie umwickelt werden, weil die späteren Lötnähte ein größeres Gewicht auszuhalten haben. Große und schwere Objekte (Spiegel, Lampen) haben besonders nach oben, zu den tragenden Teilen hin, ein manchmal erhebliches Gewicht, das auf den Nähten lastet. Kalkulieren Sie die Breite und die Stärke der Folie in Absprache mit dem Fachhändler oder einem fortgeschrittenen Tiffany-Liebhaber, solange Sie noch keine genügende Erfahrung besitzen. Generell gilt natürlich, daß die Objekte um so graziler wirken, desto schmalere Kupferfolie Sie verwenden, weil die dünneren Lötnähte naturgemäß nicht so sehr ins Auge fallen und die Glasfacetten besser zur Geltung bringen.

Die Kupferfolie, die der Handel anbietet, ist auf einer Länge von etwa 33 Metern aufgerollt. Nicht gerade billig, aber außerordentlich praktisch sind Spender, in denen die Folien verschiedener Breiten und Stärken nebeneinander eingehängt werden können. Das Umwickeln der Glasstücke direkt aus dem Spender geht erheblich schneller. Auch beim Umwickeln mit der Hand wird die Folie zuerst über die Ränder des Glasstücks geführt und leicht angedrückt, ehe man die Folie abschneidet. Achten Sie beim Umwickeln darauf, daß die Folie nach links und rechts über die Ränder hinaus gleichmäßig übersteht. Wenn Sie das Glasstück rundum mit der Folie eingefaßt haben, lassen Sie sie noch etwa 2 bis 4 mm überlappen und überkleben Sie mit dem überstehenden Stück den Folienanfang. Die hochstehenden Folienränder werden jetzt mit den Fingern auf die Glasoberfläche gedrückt. Anschließend fahren Sie mit einem kleinen Roller (Rollrädchen) auf allen drei Ebenen (Kante, Unter- und Oberseite) über die Folie und pressen sie gleichmäßig fest. Es dürfen sich keine Luftblasen mehr zwischen der Folie und dem Glas bilden.

Da das Lötzinn nur dorthin läuft, wo auch Kupferfolie ist, können Sie für eine gerade und parallel zum Glasrand verlaufende Lötnaht sorgen, indem Sie eventuelle Unregelmäßigkeiten mit einem kleinen scharfen Messer begradigen.

Das fertig umfalzte Stück wird auf die Styropor-Platte gelegt.

Acryl-Lack bei Spiegeln

Sie werden beim anschließenden Lötvorgang mit Lötwasser arbeiten. Lötwasser ist eine sehr aggressive Flüssigkeit, die die rückwärtige Beschichtung von Spiegeln angreift. Das Lötwasser ätzt die Beschichtung weg, so daß auf der Vorderseite des Spiegels häßliche Flecken sichtbar werden. Sie müssen die Rückseite von Spiegeln daher besonders behandeln. Man nimmt für diesen Zweck einen Lack, der das Lötwasser nicht durchläßt, aber seinerseits die Beschichtung nicht beschädigt. Acryl-Lack, aber auch Schellack sind geeignet. Bei dem unüberschaubaren Angebot der verschiedensten Lacke und der Ungewißheit über ihre chemischen Bestandteile lassen sich aber keine generellen Empfehlungen aussprechen. Probieren Sie die verschiedenen Lacke aus. Streichen oder spritzen Sie eine kleinere Spiegelscherbe, behandeln Sie sie anschließend mit Lötwasser. Lassen Sie die Scherbe dann ein paar Tage liegen. Dieses zeitraubende Experiment lohnt sich, denn Sie wissen dann für alle Zeiten, welcher Lack Sie vor unangenehmen Überraschungen schützt.

Für den Spiegel in Apfelform eignet sich Kupferfolie in der Breite von 6,5 mm.

Achten Sie darauf, daß die Kupferfolie glatt und gleichmäßig anliegt.

Eine unregelmäßige Linienführung der Folie beziehungsweise Beulenbildung bei starken Krümmungen des Glasstücks läßt sich mit einem kleinen Messer korrigieren.

Runder Spiegel mit einer Einfassung aus irisierendem Merry-go-round-Glas.

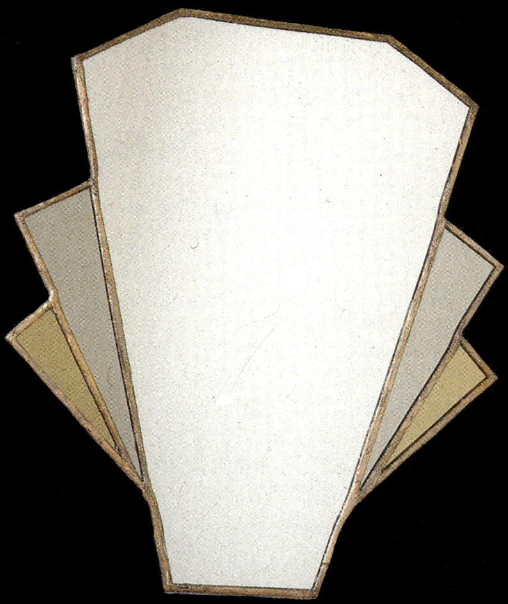

Fächerspiegel aus Kristall-, Bronze- und Goldspiegelglas.

Auffällig an diesem Broschenspiegel ist das irisierende Farbfeld aus Merry-go-round-Glas.

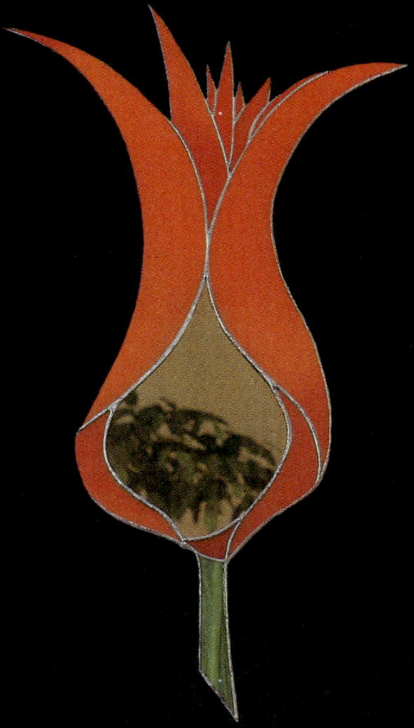

Die großen, spitzen Blütenblätter dieser Tulpe erfordern bei der Verarbeitung schon einige Erfahrung.

Löten

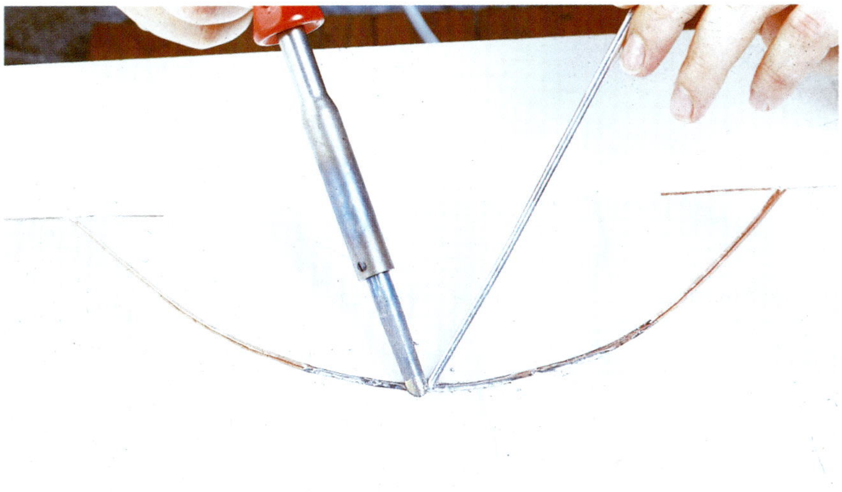

Wenn Sie mit dem Löten beginnen, haben Sie die einzelnen Glasstücke in der gewünschten Zusammensetzung mit Stecknadeln auf der Styropor-Platte fixiert. Das Objekt oder der Objektteil muß jetzt korrekt zusammengepaßt sein, denn Sie können nach dem Löten an der Stellung der Teile zueinander nichts mehr korrigieren.
Sie bestreichen die Kupferfolie zunächst mit Lötwasser oder Stearinöl. Diese Flüssigkeit erhöht die Verbindungsfreudigkeit des Lötzinns mit der Folie. Der vorgewärmte Lötkolben wird jetzt kurz in ein Schälchen mit Lötfett getaucht. Dadurch werden leichte Verschmutzungen an der Spitze des Lötkolbens beseitigt, außerdem fließt so das Lötzinn besser. Der Lötkolben muß während der Arbeit in regelmäßigen Abständen in das Lötfett getaucht werden.

Wichtig: Sie sollten nicht zu lange an einem Glasstück löten, weil es durch die Hitzeeinwirkung brechen kann. Auch die Beschichtung einer Spiegelrückseite ist sehr anfällig für Beschädigungen durch Hitze. Bei der Verlötung einer Spiegelrückseite muß sehr vorsichtig und mit kleineren Pausen gearbeitet werden.

Sie beginnen dann mit dem »Punktlöten«. Die einzelnen Glasteile sollen dadurch fixiert werden, ohne daß die Nähte schon fertig verlötet werden. Lassen Sie, je nach der Größe der Glasteile, zwei bis vier Punkte Lötzinn auf die Eckkanten der einzelnen Stücke tropfen. Man kann den Lötdraht an die gewünschte Stelle halten und kurz mit dem Lötkolben berühren, man kann den Tropfen aber auch von der schrägen Spitze des Lötkolbens abgleiten lassen. Wenn Sie mit dem Punktlöten fertig sind, können Sie die Nadeln aus dem Styropor herausziehen und das Werkstück auf eine Holzplatte legen. Einzelne Teile, die sich nicht genau in die ihnen bestimmte Position einpassen, können notfalls noch abgelötet werden, indem man den Lötpunkt mit dem Kolben noch einmal kurz verflüssigt.

Vor dem Löten müssen sämtliche Teile umfalzt und mit Nadeln auf dem Transparentpapier befestigt sein.

Beim Punktlöten werden die Einzelteile an mehreren Punkten durch Lötzinn verbunden.

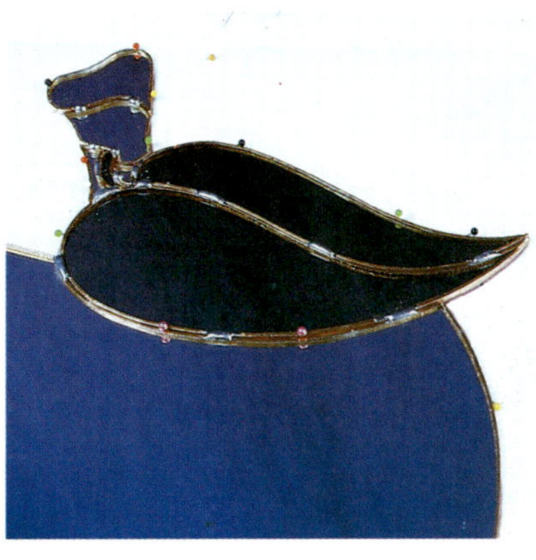

Beim Groblöten werden die Nähte mit reichlich Lötzinn ausgefüllt.

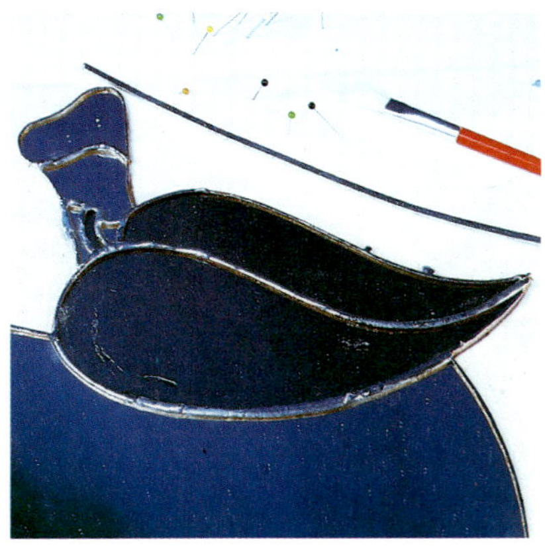

Wenn die Glasteile sich gut aneinanderfügen, kann jetzt mit dem Verlöten der Nähte, mit dem »Groblöten« begonnen werden. Wenden Sie das Werkstück, denn man lötet zunächst die Rück-, dann erst die Vorderseite (bei dreidimensionalen Objekten zuerst die Innen-, dann die Außenseite). Fahren Sie mit Lötdraht und Lötkolben gleichzeitig über die Kupferfolie, und achten Sie darauf, daß die Zwischenräume gut gefüllt werden. Stören Sie sich nicht daran, wenn das Lötzinn durch die Zwischenräume »durchfällt« und sich an der anderen Seite in Klumpen festsetzt. Die Unebenheiten der Lötnähte werden später beseitigt. Anschließend wenden Sie das Werkstück und verlöten auch die andere Seite »grob«.
Bevor Sie mit dem Feinlöten beginnen, sollte das Werkstück noch einmal gereinigt werden. Bepinseln Sie dann sämtliche Nähte wieder sorgfältig mit Lötwasser, ehe Sie mit dem Lötkolben die Lötnähte erneut nachziehen. Fahren Sie mit dem Lötkolben in einer gleichmäßigen Bewegung ohne Unterbrechung vom Anfang bis zum Ende einer Naht, wenn möglich über die ganze Länge des jeweiligen Glasstücks durch. Wenn Sie besonders gleichmäßige, halbrunde Lötnähte erzielen wollen, müssen Sie in einem Zwischenschritt noch entsprechende Mengen Lötzinn hinzugeben.
Bei längeren Lötvorgängen kann der Lötkolben zu heiß werden. Das Lötzinn wird dann zu flüssig und läßt sich nicht mehr gut dirigieren. Schalten Sie den Lötkolben dann für eine Weile ab, ehe Sie weiterarbeiten.
Aufhänger für Spiegel oder Glasbilder werden aus Kupferdraht gebogen und auf einer Lötnaht angelötet. Halten Sie den Kupferdraht mit einer Zange an die gewünschte Stelle, denn er wird beim Löten sehr heiß.
Bei größeren Spiegeln und Bildern wird eine solidere Aufhänge-Konstruktion erforderlich. Das Gewicht des Objekts muß auf mehrere Lötnähte verteilt werden. Sie benötigen hierzu dünne Stahlschienen, die in Hobby-Märkten, aber auch in den Tiffany-Studios erhältlich sind.
Auf der Rückseite des Objekts kleben Sie zunächst weitere Kupferfolie über vertikal und horizontal verlaufende Lötnähte. Die Folie muß wiederum mit Lötwasser bestrichen werden. Vorher sollten Sie die geplanten Längs- und Querstreben aus den Stahlschienen bereits auf die passende Länge zurechtgeschnitten haben. Legen Sie die Schienen dann über die neu gezogenen Kupferfolien-Bahnen und verlöten beides mittels Lötzinn miteinander. Das Verlöten muß nicht auf der gesamten Länge der Schienen erfolgen. Löten Sie die Schienen an den Rändern des Objekts und an allen Kreuzungspunkten auf. An dieses Kreuz oder Raster aus Stahlschienen können Sie dann eine Schlinge aus Kupferdraht befestigen, indem Sie die Schlinge an zwei Punkten mit dem Lötzinn auf den Stahlschienen verbinden oder die Enden der Schienen zu Ösen drehen.

Beim Feinlöten sollte man versuchen, feingezogene, halbrunde Lötnähte zu erhalten, auch wenn dies anfangs schwierig ist.

Bei kleineren Objekten reicht eine Kupferdrahtaufhängung aus.

Kupferfolie klebt man über die Spiegelrückseite, damit die Beschichtung nicht verkratzt wird. Mit einer Rundzange können die Enden der Stahlschienen zu Halteösen umgebogen werden.

Nun haben Sie Ihr erstes Glasobjekt geschaffen.

Patina

Nach dem Löten muß das Werkstück wieder sorgfältig gereinigt werden. Sofern Sie es wünschen, können die Lötnähte im Anschluß patiniert werden.
Es besteht die Möglichkeit, die silberglänzenden Zinn-Nähte zu patinieren, um vor allem bei warmen Glasfarben einen harmonischeren Gesamteindruck zu erzeugen. Die Zinn-Nähte reflektieren das Licht sehr stark und lenken so die Aufmerksamkeit unnötig von den Glasfacetten ab, die durch eine mildere Tönung der Lötnähte besser zur Wirkung kommen.

Patina gibt es in den Farben Schwarz und Kupfer. Sie wird mit einem kleinen Schwamm oder einem Lappen aufgetragen. Benutzen Sie Gummihandschuhe, weil die Patina säurehaltig ist und Ihre Hände angreift. Patinierung ist eine künstliche Oxydierung, ein Vorgang, der eine gewisse Zeit benötigt. Je länger die Patina einwirken kann, desto gründlicher oxydiert die Oberfläche, das heißt, desto geringer ist auch die Gefahr, daß einzelne Stellen beim Reinigen des Objekts wieder blank werden. Dennoch sollte das Objekt kurze Zeit nach dem Patinieren gereinigt werden, denn die Patina enthält Flußsäure, die in zu großer Konzentration und bei längerem Einwirken das Metall angreifen könnte. Wir empfehlen, das Objekt nach dem Patinieren in die Badewanne zu stellen und lauwarm abzuduschen. Mit Wegwerfpapier können Sie dann die Glasfacetten trockenreiben, wenn möglich, ohne die patinierten Lötnähte zu berühren. Wenn das Ergebnis des Patinierens Sie noch nicht befriedigt, wenn die Patina nicht dunkel genug ist oder einzelne blanke Stellen zu sehen sind, können Sie den Patinierungsvorgang noch einmal wiederholen.
Bedenken Sie aber auch, daß die anfänglich sehr dunkle Färbung aufhellt, nachdem die Lötnähte ausgetrocknet sind, ein Vorgang, der sich bis zu zwei Wochen hinziehen kann.

Kupferfarbene Patina wird mit der Zeit noch etwas nachdunkeln. Der Spiegel erhält durch sie einen zeitlosen Charakter.

Die dunkle, fast schwarze Patina dieses Spiegels bringt das Glas besonders gut zur Geltung.

Es lassen sich viele Ideen in Glas umsetzen, auch so »verspielte« Dinge wie der Baum, die Wolken und der Vogel.

Ein halbrunder Kommodenspiegel, dessen Rahmen mit Glasjuwelen und Glasdiamanten durchsetzt ist.

Besonders hübsch sind Spiegelkonstruktionen mit einem kleinen Balkon, der sich bepflanzen läßt. Im Gegensatz zu Tongefäßen »atmet« Glas aber nicht, so daß die Tränkflüssigkeit nur schwer verdunsten kann.

Fallstudien

Fallstudie 1 – Lampe

Bei Lampen sind dem gekauften Schnittbogen zusätzlich ein Styropor-Segment und Pappschablonen beigefügt.
Diese Pappschablonen können Sie sofort benutzen, um die entsprechenden Glasstücke zu umzeichnen. Das Styropor-Segment besteht in der Regel aus einem Sechstel des vorgesehenen Lampenschirms. Es dient dazu, daß auf ihm die sechs Teile des Lampenschirms in der korrekten Wölbung zusammengesetzt werden können. Sie werden zwischen den Pappschablonen zwei gleich große, längliche Pappstreifen finden, die seitlich zur Begrenzung am Styropor-Segment befestigt werden müssen. Sie machen das am besten wieder mit Nadeln.

Nun können Sie ein Sechstel des Lampenschirms aus den zugeschnittenen Glasstücken auf dem Segment zusammensetzen. Beginnen Sie mit der unteren Kante, die mit den Nadeln so fixiert werden sollte, daß sich ein möglichst gerader Rand ergibt. Die untere Kante ist ein Blickfang an der späteren Lampe und muß sehr sorgfältig gearbeitet werden. Im Anschluß bauen Sie das Lampenschirm-Sechstel nach oben auf, wobei Sie waagerecht Schicht auf Schicht, aber auch senkrecht Säule auf Säule aufbauen können. Jedes Glasstück wird mit Nadeln an seinem angewiesenen Ort gehalten. Falls an der Oberkante einige Glasstücke überstehen sollten, brau-

Styroporsegment mit vorgezeichneter Schirmform

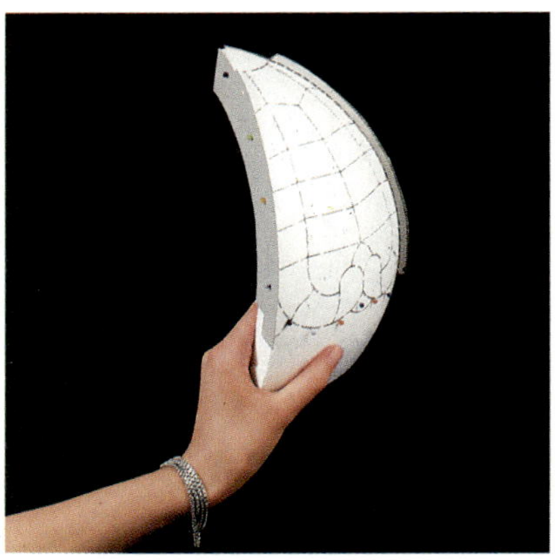

Stecknadeln fixieren die einzelnen Glasstücke auf der Form.

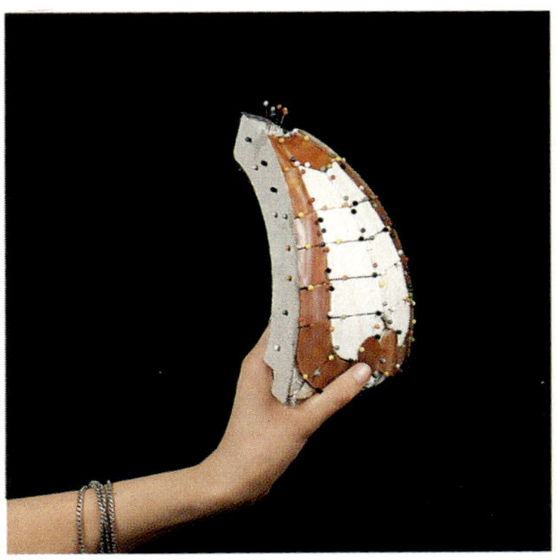

Je nach Form des Lampenmusters sollte man die einzelnen Glasstücke entweder waagerecht oder senkrecht aufbauen.

chen Sie sich darüber keine Sorgen zu machen. Der im Lampenzenit vorgesehene Lampendeckel wird diese Unregelmäßigkeiten später verbergen.
Wenn Sie mit dem Aufbau komplett fertig sind, müssen die Teile einzeln entnommen, umfalzt und wieder eingefügt werden. Danach werden die Glasstücke miteinander punktverlötet, und zwar so, daß das Lampenschirm-Sechstel stabil ist, aber dennoch leicht verformbar bleibt. Sie haben so beim Anpassen der Sechstel aneinander noch ein wenig Spiel.
Nachdem Sie alle Sechstel in dieser Weise bearbeitet haben, werden jeweils zwei Sechstel über das Styropor-Segment gelegt und ebenfalls punktverlötet. Die drei Drittel, die Sie so erhalten, werden nicht mehr auf dem Segment verlötet, sondern mit ihrer Unterkante auf die Werkplatte gestellt. Während ein Helfer Ihnen zwei Drittel aneinanderhält, können Sie diese ebenfalls punktverlöten. Im Anschluß wird das letzte Drittel eingepaßt. Sie können dann mit dem Grobverlöten beginnen, das innen und außen ausgeführt werden muß. Vor dem folgenden Feinverlöten muß der Lampenschirm sorgfältig gereinigt werden.
Die Deckelkappen, die Sie im Handel erwerben, sind in der Regel aus Messing und müssen vor der Verarbeitung in der Lampe noch verzinnt werden. Streichen Sie den Deckel mit Lötfett ein und geben Sie dann mit Lötkolben und Lötzinn eine dünne Zinnschicht darauf. Beim Einpassen der Deckelkappe sollte darauf geachtet werden, daß sie auch wirklich in der Mitte der Lampe und nicht schräg verlötet wird. Wenn alles fertig ist, muß noch einmal gereinigt werden, ehe man mit dem Patinieren beginnen kann.

Nach der Grobverlötung werden je zwei der sechs Teile auf der Styroporform miteinander verlötet.

Die Drittel des Schirms setzt man auf einem Werkbrett aneinander, damit die untere Kante gerade wird.

Die Lampenkappe verzinnt man vor dem Einsetzen in den fertigen Schirm.

Vollformen

Bestimmte Lampen, deren Bauplan man erwirbt, werden auf sogenannten »Vollformen« oder »Hartplastikformen« zusammengesetzt. Der Lampenschirm kann auf solchen Vollformen komplett zusammengesetzt werden, ehe er verlötet wird. Befestigen Sie die Glasstücke aber nicht mit Nadeln, sondern mit doppelseitigem Klebeband, wie es zum Beispiel auch zum Verkleben von Teppichböden verwendet wird. Wenn Sie alle erforderlichen Teile auf der Vollform verteilt haben, können Sie leicht das eine oder andere Teil, das nicht korrekt geschnitten wurde, noch korrigierend bearbeiten oder austauschen. Die Hartplastikformen sind abwaschbar, so daß sie mehrmals verwendet werden können, eventuell auch für den eigenen Entwurf einer Lampe, der ja auf einem dreidimensionalen Körper ausgeführt werden muß, wenn die Lampenform gerundet sein soll. Manchmal ist das Schnittmuster schon auf der Form aufgezeichnet, aber es kann auch sein, daß Sie einen Musterbogen auf die Vollform übertragen müssen.

Lichtobjekte

Wir haben bis jetzt von gewölbten oder runden Lampen gesprochen, also von solchen Lampen, die nicht aus mehreren Flächen zusammengesetzt werden können. Gewölbte Lampen sind in der Tiffany-Technik sehr viel häufiger vertreten als die sogenannten Lichtobjekte. Das liegt wohl in der Hauptsache an den Entwürfen von Louis Comfort Tiffany, der stark vom Jugendstil beeinflußt war, der ja bekanntlich so gut wie keine gerade Linie kennt. Aber schon im Art Déco mehren sich solche Entwürfe, bei denen Lampen aus mehreren zweidimensionalen Teilen zusammengesetzt sind. Die in dieser Zeit beliebten Obelisken und Pyramiden, bestehend aus vier gleichschenkligen Dreiecken und einer Grundplatte, geben dafür ein gutes Beispiel ab. Für solche Lichtobjekte kann man kaum Entwürfe im Handel erwerben, ist also auf das eigene Talent angewiesen. Wenn Sie solche Lichtobjekte herstellen wollen, sollten Sie aber beim Zusammenpassen der verschiedenen Flächen zunächst nicht mit Styropor-Platten arbeiten. Weil es bei diesen Objekten sehr darauf ankommt, daß die geraden Linien auch wirklich gerade sind, arbeitet man besser mit einem Werkbrett.

Wenn Sie also beispielsweise eine Pyramide bauen möchten, so verfahren Sie wie folgt: Sie legen Ihren Entwurf von einem der vier Dreiecke der Pyramide auf eine Holzplatte und nageln entlang der Schenkel der Dreiecke zwei Holzleisten. Sie können so Ihre vier Dreiecke nacheinander bearbeiten und haben die Gewähr, daß sie exakt von der gleichen Größe sind. Wenn Sie die Glasstücke an die Holzleisten anlegen, werden Sie viel besser feststellen, ob die Kanten ausreichend geschliffen sind. Innerhalb der Dreiecke können die einzelnen Ornamente auf dem Schnittbogen mit Nadeln fixiert werden. Es empfiehlt sich daher, ein nicht zu hartes Holz für die Unterlage zu verwenden, damit Sie die Nadeln auch einstechen können.

Mit einer Hartplastikvollform kann man eigene Schirmmuster entwerfen; man schneidet entweder ein passendes Stück Transparentpapier aus und befestigt es auf der Form oder zeichnet direkt auf diese.

Werkbrett zur Bearbeitung von Segmenten mit geraden Kanten. Die Holzleisten werden über die Außenlinien des Entwurfs genagelt.

Art Deco Lampe aus gleichschenkligen Dreiecken. Die Spitzen der Dreiecke wurden »gekappt«, um eine Deckelkappe einsetzen zu können.

Die Kuppellampe mit wellenförmig geschwungener Schirmkante gibt viel Licht.

Schlichte Lampe in warmen Farben, die sich in fast jede Umgebung einfügt.

Lampe auf einer kleinen Karyatide aus Bronze nach einem Original-Tiffany-Design.

Lampe mit Blumenbordüre, die sowohl als Steh- wie auch als Hängelampe verwendet werden kann.

Die »Dragon-Fly« (Libellen-Lampe) ist mit zahlreichen Glasjuwelen durchsetzt und an den Rändern ziseliert. Auf die Flügel der Libellen sind verzinnte Kupferfiligrane aufgelötet, um der Struktur des Insektenflügels möglichst nahezukommen.

Detailansicht des Libellenflügels bei der Dragon-Fly-Lampe.

Diese Art-Nouveau-Lampen aus der Zeit der Jahrhundertwende sind relativ einfach herzustellen. Sie eignen sich vor allem als Tischlampen. Die unterschiedlichen Farbkombinationen zeigen, wie Farbe das »Gesicht« eines Objekts verändern kann, auch wenn die Form gleichbleibt.

Durch ihre Größe (Durchmesser über 50 cm) und ihr Motiv eignet sich diese Wein-Schwelg-Lampe besonders zur Beleuchtung der Tafel.

Vorder- und Rückansicht einer Lampe mit Pfingstrosen als Motiv, die ihren Charme aus der natürlichen Flächenaufteilung und der Korrespondenz verschiedener Grün- und Rot-Töne bezieht.
Für die Bleiverglasung benötigt man nicht viel zusätzliches Werkzeug.

Fallstudie 2 – Bleiverglasung

Die Technik der Bleiverglasung kann im Rahmen dieses Buches nicht mit der Ausführlichkeit beschrieben werden, wie dies für die Tiffany-Technik geschehen ist. Wir wollen dem Bleiverglasen aber ein ergänzendes Kapitel widmen, zum einen, um dem Tiffany-Freund einen informativen Ausblick auf diese »andere« Technik zu eröffnen, zum anderen aber auch, weil beide Techniken sich gut miteinander kombinieren lassen. Bei der Herstellung größerer Objekte, vor allem von solchen, die auch Gebrauchsfunktionen haben sollen und deshalb stärkeren Belastungen ausgesetzt sind, ist die Kombination beider Techniken in der Regel sogar unerläßlich.
Weil die Bleiverglasung hier nur ergänzend zur Tiffany-Technik geschildert wird, führen wir auch die benötigten Werkzeuge gesondert auf.

Werkzeug und Material

- ☆ Bleiruten
- ☆ Bleimesser
- ☆ Falzbein
- ☆ Bleinägel (Hufnägel)
- ☆ Drahtbürste (kein Eisen)
- ☆ Stearinöl oder Lötfett
- ☆ Werkplatte aus Holz in der Größe des geplanten Objekts
- ☆ Holzleisten (zur Begrenzung der Werkplatte)

Besonders wenn Sie eine Bleirute auf Gehrung schneiden wollen, was immer dann geschehen muß, wenn Sie zwei Ruten im rechten Winkel aneinanderfügen wollen, kann es beim Bleischneiden leicht zum Quetschen des Profils kommen. Mit einem Holzstück in der Breite der Kernhöhe (Höhe der Profilschiene in der Rute) müssen Sie dann die verformte Schiene wieder geradeziehen.

Vorbereitungen

Sie beginnen bei der Bleiverglasung stets mit dem Rahmen. Das Transparentpapier mit dem fertigen Entwurf wird auf die Werkplatte aus Holz aufgeheftet. Entlang der Außenlinien Ihres Entwurfes werden nun die beiden Holzleisten genagelt. Sie wählen zu diesem Zweck die Grundlinie (untere Begrenzung) und eine der beiden Seitenlinien des Entwurfs. Wir wollen hier der Einfachheit halber einmal davon ausgehen, daß Sie ein quadratisches oder rechteckiges Objekt, beispielsweise ein Glasfenster, herstellen wollen. Entlang des Winkels, den die Holzleisten nun bilden, müssen jetzt die ersten beiden Bleiruten angepaßt werden.

Für die Bleiverglasung benötigt man nicht viel zusätzliches Werkzeug und Material.

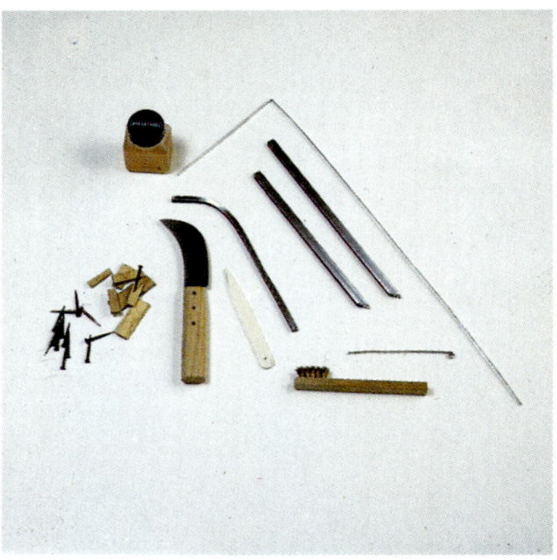

Der auf dem Werkbrett aufliegende untere Teil der Bleirute wird mit dem Falzbein glattgestrichen.

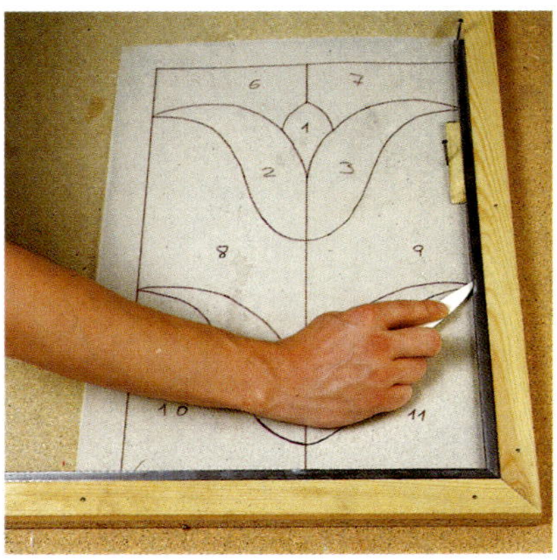

Bleiziehen

Blei ist ein relativ weiches Material, das sehr leicht verbiegt. Die Bleiruten, die in der Regel im Profil wie ein H geschnitten sind, geraten beim Transport und überhaupt wenn man mit ihnen arbeitet, gerne aus der Form, so daß sie stets wieder begradigt werden müssen. Bevor Sie mit dem Bleiverglasen beginnen, müssen die Ruten daher eingerichtet, glattgezogen werden. Es wird Ihnen am Anfang gelegentlich passieren, daß das Blei bricht, weil Sie zu stark gezogen haben. Aber wie bei jedem anderen Arbeitsvorgang werden Sie schnell die erforderliche Erfahrung bekommen.
Es ist beim Bleiverglasen unmöglich, den Arbeitsvorgang des Bleiziehens zunächst für alle erforderlichen Ruten hinter sich zu bringen, um anschließend mit den nächsten Arbeitsschritten beginnen zu können. Sie müssen jeweils nur die eine oder die beiden Bleiruten glattziehen, die Sie für den unmittelbar nächsten Arbeitsabschnitt brauchen.

Die ersten Bleiruten sind in den Winkel gepaßt.

Bleischneiden

Nachdem Sie das Blei glattgezogen haben, ritzen Sie es an der Stelle, die Sie zu schneiden beabsichtigen, leicht mit dem Bleimesser an. Klemmen Sie dann zwei Holzstückchen an der markierten Stelle zu beiden Seiten in die Schienen des H-Profils. Sie verhindern so, daß sich die eben erst glattgezogene Bleirute bei der von oben und unter Druck ausgeführten Schneidebewegung mit dem Messer direkt wieder verformt. Mit einer wiegenden Schneidebewegung trennen Sie nun die Bleirute an der angeritzten Stelle, bis Sie auf die Holzstückchen treffen. Sie können nun die Holzstücke entfernen und den Rest der Rute leicht durchtrennen.

Wichtig: Bei der Bleiverglasung müssen die einzelnen Glasstücke nicht extra geschliffen werden, wenn genau genug geschnitten wurde.

Durch Einfügen eines Holz- oder Glasstückchens in die Schiene verhindert man, daß die Rute beim Schneiden gequetscht wird.

Aufbau

Generell werden Bleiobjekte in einer diagonalen Führung von unten nach oben »aufgebaut«. Es ist für die Stabilität des Objekts von großer Wichtigkeit, daß die Glasstücke in der Reihenfolge ihrer Trägerfunktionen eingesetzt werden. Arbeiten Sie sich also von einer unteren Ecke in die gegenüberliegende obere Ecke vor, so daß Sie im diagonalen Aufbau gleichzeitig an Höhe und Breite gewinnen. Auf diese Weise orientieren Sie sich stets an dem festen Winkel der Holzleisten, wodurch ein späteres Verrutschen der aneinandergefügten Glasstücke verhindert wird.
Legen Sie also zunächst die beiden Enden der glattgezogenen Bleiruten in den rechten Winkel der Holzleisten, und zwar übereinander. Ritzen Sie dann auf der oberen Rute die Gehrung an, eine Linie, die von der Ecke im Winkel von 45 Grad zur gegenüberliegenden Seite laufen muß. Sie kennzeichnen so das abzutrennende Dreieck. Anschließend vertauschen Sie die Ruten

Nach dem Durchtrennen des oberen Teils der Rute wird das Holzstückchen entfernt, und der Rest läßt sich leicht und ohne Beschädigung der Rute durchschneiden.

und markieren die andere. Schneiden Sie dann beide Ruten auf Gehrung, wobei Sie natürlich die Holzstückchen wieder benutzen müssen. Die beiden Ruten werden dann im Winkel aneinandergelegt und fixiert. Um das Blei nicht zu beschädigen, werden die Bleinägel nicht direkt entlang der Ruten festgeschlagen. Legen Sie vorher ein kleines Holzstück zwischen die Rute und den Nagel. Vier Nägel – jeweils einer an der Kopf- und Längsseite der beiden Ruten – reichen in der Regel aus. Nach dem Fixieren werden die beiden Ruten an der Nahtstelle (Gehrung) verlötet.

(Wir beschreiben aus systematischen Gründen zunächst den Aufbau und erst anschließend das Löten. Da dies der einzige Punkt ist, der bis zur Fertigstellung der Schlußrahmung verlötet wird, wollen wir hier nicht vorgreifen.)

Nachdem Sie die Ecke verlötet haben, fügen Sie das erste Glasstück ein. Biegen Sie hierzu die Schienen der Ruten mit dem Falzbein etwas auf, so daß Sie das Glasstück ohne Beschädigungen in die Schienen stauchen können. Das Stauchen macht man am besten mit dem Griffende des Bleimessers. Im Anschluß müssen die zur Umrandung der restlichen beiden Seiten des Glasstücks erforderlichen Ruten geschnitten und glattgezogen werden. Jeweils ein Ende dieser beiden Ruten stößt auf eine der beiden Rahmenruten. Um die Rahmen- und Umfassungsruten an dieser Stelle verbinden zu können, muß das Ende der Umfassungsrute mit dem Griffende des Bleimessers zusammengestaucht werden, damit es sich in die Schiene der Rahmenrute einführen läßt. Nach dem Zusammenstauchen des Endes der Umfassungsrute schieben Sie diese über die Kante des Glasstücks und dann mit ihrem Ende in die Schiene der Rahmenrute. Bevor Sie die letzte offene Seite des ersten Glasstücks mit der

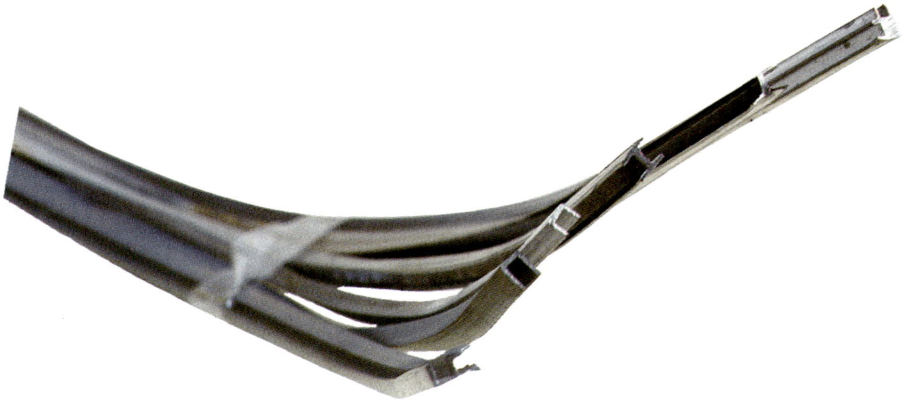

Man benötigt ein wenig Übung, um die Bleiruten auf Gehrung zuzuschneiden.

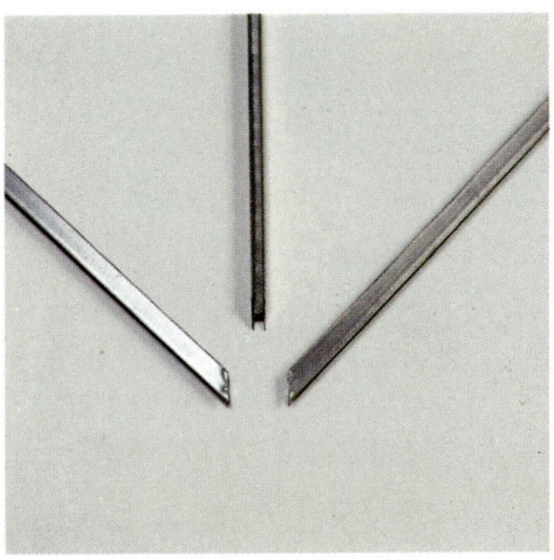

Vor dem Einpassen des Glasstücks in die Schiene der Bleirute muß diese mit dem Falzbein etwas aufgebogen werden. Dazu setzt man das Falzbein quer an und fährt die gesamte Länge der Rute ab.

Das Glasstück wird mit dem Griffende des Messers in die Schiene gestaucht.

Bleirute verkleiden, muß die erste Umfassungsrute wieder mit Bleinägeln und Holzstückchen fixiert werden. Klopfen Sie das Glasstück mit dem Ende des Bleimessers aber vorher gründlich in Richtung der verlöteten Ecke, so daß es in den Schienen der Ruten kein Spiel mehr hat. Wenn Sie die nächste Rute verlegt und fixiert haben, beginnen Sie mit dem Einsetzen eines weiteren Glasstücks.
In dieser Art führen Sie den Aufbau weiter durch. Wenn der Raum Ihres Entwurfes vollständig ausgefüllt ist, wird er auf zwei Seiten im Winkel von den beiden Holzleisten begrenzt sein, während der Halt auf den beiden »offenen« Seiten durch die Fixierung mit den Bleinägeln gewährleistet wird.

Schlußrahmung

Das auf der unteren Seite freie und leicht über den Entwurf überstehende Ende der schon verlöteten Grundlinie muß jetzt auf Gehrung geschnitten werden. Sie haben bis jetzt damit gewartet, weil sich das Objekt beim Aufbau immer wieder verschiebt. Das Glasstück, das an diese Ecke grenzt, muß noch einmal vorübergehend herausgenommen werden.
Im Anschluß müssen alle Bleiruten, die nach der offenen Seite mit ihren Enden auslaufen, an der richtigen Stelle geschnitten werden. Markieren Sie die Ruten hierzu mit dem Bleimesser, und zwar so, daß die nach außen liegenden Glasstücke etwa ein bis zwei Millimeter überstehen. Die Bleiruten sollten also nicht ganz bis zum Rand der äußeren Glasstücke reichen. Nehmen Sie dann die Glasstücke an dieser Seite heraus, schneiden Sie die Ruten und fügen Sie anschließend die Glasstücke wieder ein. Es ist jetzt nicht nötig, diese Seite noch einmal mit Bleinägeln zu fixieren. Stauchen Sie die Glasstücke fest in die Schienen und drücken Sie diese vorsichtig auf der Glasoberfläche an. Die seitliche Rahmenrute, die Sie vorher geschnitten und glattgezogen haben, wird jetzt unten auf Gehrung geschnitten und an den Rand des Objekts angepaßt. Klopfen Sie die Rahmenrute mit ihrer Innenschiene über die überstehenden Glasstücke, so daß diese so tief wie möglich in der Innenschiene zu liegen kommen. Anschließend wird die Rahmenrute mit Bleinägeln fixiert.
Biegen Sie nun die beiden oberen Enden der seitlichen Rahmenruten nach außen weg, um an diesen Stellen ebenfalls die Gehrung schneiden zu können. Es empfiehlt sich nicht, die Eckglasstücke noch einmal herauszunehmen, weil dadurch das jetzt vollständig fixierte Objekt wieder verrutschen könnte.
Die obere Rahmenrute wird nun als letzte eingefügt und ebenfalls fixiert. Fahren Sie mit dem Falzbein zum Schluß noch einmal über alle Ruten, um diese zu glätten.

Die angepaßten Glas- und Bleistücke sind mit Bleinägeln auf dem Werkbrett fixiert.

Bevor die beiden letzten Rahmenruten eingesetzt werden, müssen alle anderen Verbindungsstellen verlötet sein.

Die Ruten werden mit dem Falzbein auf das Glas gedrückt.

Löten

Blei und Lötzinn haben einen annähernd gleichen Schmelzpunkt. Es muß deshalb genau darauf geachtet werden, daß die Temperatur des Lötkolbens gleichbleibt und nicht zu hoch eingestellt ist. Überprüfen Sie die angemessene Temperatur zuerst an einem Stück Restblei und einem Stück Lötdraht. Das Lötzinn muß schmelzen, das Blei nicht.

Bevor Sie mit dem Löten beginnen, müssen alle Punkte, an denen Bleiruten aufeinandertreffen, sorgfältig mit einer Drahtbürste gereinigt werden. Anschließend trägt man auf diese Verbindungspunkte Stearinöl oder Lötfett (nicht Lötwasser) auf. Mit einem Tropfen Lötzinn werden die Verbindungsstellen dann verlötet.

Achten Sie jedoch beim Löten an den Ansatzpunkten zu den Rahmenruten darauf, daß Sie nicht über die Mitte der Rahmenrute hinaus verlöten. Nach Abschluß des Lötens sollen nämlich die untere und die beiden seitlichen Außenschienen der Rahmenruten mit einem Stahlband umlegt werden, um dem Objekt eine zusätzliche Stabilität und überdies eine solide Aufhänge- oder Befestigungsmöglichkeit zu bieten. Nachdem das Stahlband in das äußere Profil gedrückt worden ist, muß es arretiert werden. Dies geschieht ganz einfach, indem man die Schienenstücke des Profilrands mit dem Falzbein zuerst von der Vorder-, dann von der Rückseite abknickt, so daß das Stahlband von der Seite nicht mehr zu sehen ist und eine glatte äußere Kante entsteht. Bei diesem Faltvorgang würden alle Lötstellen, die über die Mitte der Rahmenruten hinausverlaufen, unweigerlich unschöne Beulungen im Rahmen hinterlassen.

Nach dem Löten muß das Stearinöl oder das Lötfett gut abgewischt werden, weil sonst durch chemische Reaktionen häßliche Flekken entstehen können. Nachdem Sie dies getan haben, wenden Sie das Objekt und verlöten die andere Seite. Glätten Sie auch hier zunächst mit dem Falzbein die Bleiruten.

Bei einem größeren in Tiffany-Technik gefertigten Bild oder Spiegel empfiehlt es sich, den Rand mit einer Bleirute zu umlegen, damit die

Stabilität gewährleistet ist. Die Lötnähte sollten in etwa einen halben Zentimeter vor dem Rand enden. Sie können dann eine Bleirute um das Objekt legen und diese mit der Kupferfolie verlöten; dabei vervollständigen Sie gleichzeitig die Lötnähte. Als Flußmittel benötigen Sie Lötfett.

Vor dem Einpassen der vorletzten und letzten Rahmenrute werden die bereits vermauerten Ruten an diesen Seiten ungefähr 2 mm vor den Kanten der Glasstücke abgeschnitten, damit die Rahmenruten die Glasstücke überlappen können.

Die vorgesehenen Lötstellen müssen mit einer Drahtbürste leicht angerauht werden.

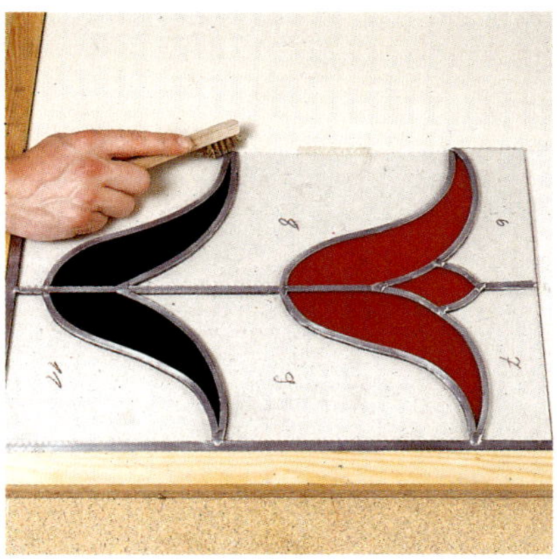

Bleiruten werden nur an den Verbindungsstellen punktgelötet.

Bleiverglasung: Bunter Halbkreis aus Antikglas in Bleiruten gefaßt.

Das Stahlband wird in das H-Profil der Rahmenruten eingelegt.

Die Bleirahmenrute wird mit dem Falzbein abgeknickt.

Um eine solide Aufhängung zu erhalten, dreht man die Enden des Stahlbandes mit einer Rundzange zu Ösen.

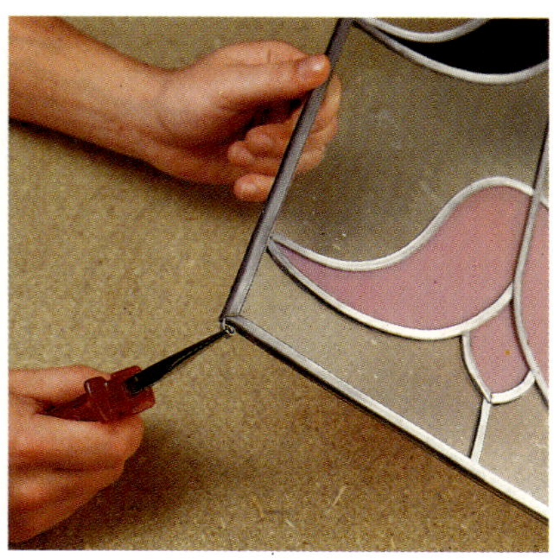

Dieses Fensterbild ist ein schönes Beispiel für die Leuchtkraft von farbigem Antikglas.

Die Sachlichkeit der geraden Linien wird durch die Verwendung von nur zwei Farben unterstrichen.

Rustikalen Charme verbreitet dieses Bild mit einem bäuerlichen Motiv, das gut zu Einrichtungen im altdeutschen Stil paßt.

Wie ein bunter Farbtupfer leuchtet dieses Bild vor einem Fenster.

Fallstudie 3 – Gewächshaus

Bei der Herstellung von Gewächshäusern ist es unerläßlich, daß man längere gerade Schnitte beherrscht. Zeichnen Sie zwei Punkte auf eine Glasplatte auf und legen Sie dann das Metall-Lineal mit der Gummibeschichtung an diese Punkte an. Man fährt mit der flachen Seite des Glasschneiders am Lineal entlang, wobei berücksichtigt werden muß, daß auch an dieser Seite des Schneiders zwischen Lineal und Rädchen ein Abstand von cirka 2 mm besteht. Diese zwei Millimeter »Schnitt« müssen Sie beim Ziehen der Linie berücksichtigen, weil sonst Ihr Werkstück zu klein gerät. Ziehen Sie den Glasschneider zum Körper hin, denn auf längere Strecken entsteht so eine gleichmäßigere Bewegung. Sie sollten auch darauf achten, jeweils an der Innenkante der eingezeichneten Linie zu schneiden, weil das spätere Schleifen großer Platten sehr mühsam ist. Je exakter Ihr Schnitt der Linie folgt, desto weniger Arbeit haben Sie mit dem Schleifen, bei dem sich Unregelmäßigkeiten einstellen können. Machen Sie zunächst ein paar

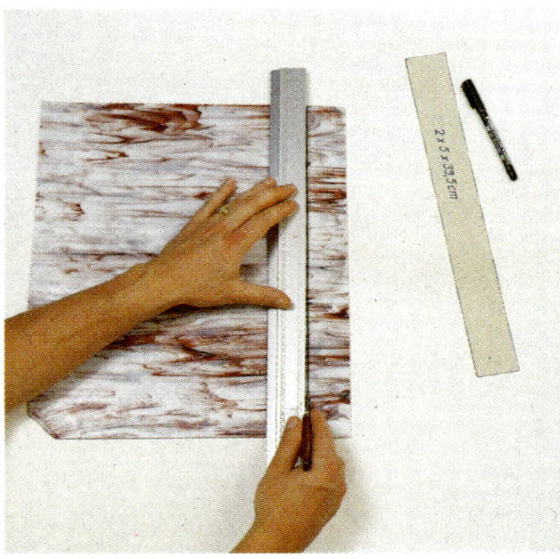

Bei langen Schnitten entlang des Lineals muß darauf geachtet werden, daß durch die Führung des Glasschneiders, das Lineal nicht verrutscht.

Die Maße des Gewächshauses betragen:
Dachseiten:
2 x 39,5 x 9 cm
2 x 39,5 x 13,5 cm
Längsseite
Fensterglas: 2 x 39,5 x 14,5 cm
Schmalseite
Fensterglas: 2 x 15,5 x 14,5 cm
Längsseite
Opalescentglas: 2 x 39,5 x 5 cm
Schmalseite
Opalescentglas: 2 x 15,5 x 5 cm
Dreieck
Fensterglas:
Längseiten 1 x 15 cm; 1 x 13 cm
Schmalseite 1 x 8,5 cm

Bei langen Schnitten zieht man den Glasschneider zum Körper hin.

Zuerst werden die Teile einer Seite verlötet.

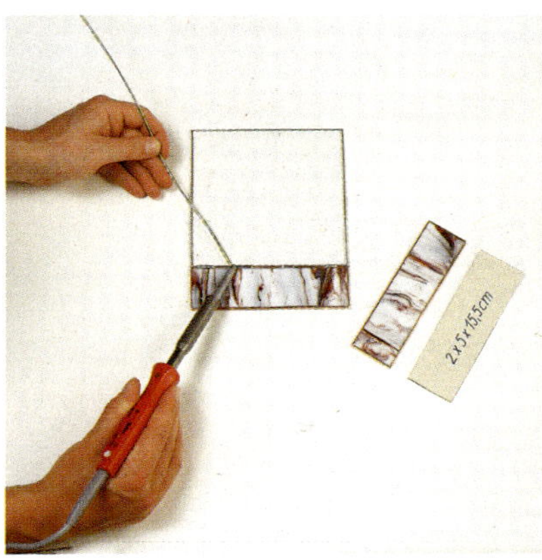

Um eine Querseite des Gewächshauses im Winkel von 90 Grad anlöten zu können, wird die Längsseite mit einem schweren Gegenstand abgestützt.

Übungsschnitte auf einfachem Fensterglas, indem Sie einige schmale Streifen vom Rand einer größeren Platte wegschneiden.
Bevor Sie mit dem Falzen beginnen, sollten Sie überlegen, ob nicht besser verzinnte (also silberfarbene) Kupferfolie verwendet werden sollte. Bei vielen Gewächshäusern empfiehlt sich dies aus optischen Gründen.
Im Anschluß stellen Sie eine Schmalseite des Gewächshauses fertig, die punktgelötet werden muß. An diese Schmalseite können dann die Längsseiten senkrecht angepaßt weden. Zuvor müssen Sie die Schmalseite allerdings in der vorgesehenen Position stabilisieren. Stellen Sie sie gegen einen schweren Gegenstand oder klemmen Sie sie ein, so daß sie im Winkel von 90 Grad auf der Arbeitsplatte steht.
Nachdem Sie alle vier Grundseiten miteinander verbunden und punktverlötet haben, kann dieser Teil des Gewächshauses fertig verlötet werden. Achten Sie darauf, daß Sie die Nähte waagerecht und nicht senkrecht halten, da sonst zu viel Lötzinn herunterlaufen würde.
Beim Aufbau des Daches benötigen Sie einen Helfer, der Ihnen die Dachteile im richtigen Winkel an das Gewächshaus hält. Zu seiner Orientierung kann man vorher einen kleinen Winkel in der richtigen Größe aus Pappe ausschneiden und mit Klebeband an der Verbindungsstelle befestigen. Das Dach wird punktgelötet, bis es fest steht. Das seitliche Dreieck wird nun mit einer Pappschablone noch einmal gesondert ausgemessen, da sich bei einem Objekt dieser Größe Unregelmäßigkeiten nicht vermeiden lassen. Nach den in die Freiräume eingepaßten Schablonen schneiden Sie im Anschluß die Dreiecke aus dem Glas, passen sie ein und löten sie fest. Jetzt ist das Objekt erstellt und hat die genügende Stabilität, um komplett verlötet zu werden.
Als Bodenplatte können Sie entweder eine Saatschale aus Kunststoff (wie abgebildet) verwenden oder – wenn Ihnen dies nicht zusagen sollte – auch eine Glasplatte. Diese kann zum Schluß genau ausgemessen und eingepaßt werden. Falls Sie einen solchen Glasboden einsetzen wollen, müssen Sie, um die Dichtigkeit des Gewächshauses zu gewährleisten, die unteren Kanten vor dem Bepflanzen mit transparentem Kautschuk ausgießen.

Resteverwertung

Eine der angenehmsten Eigenschaften von Glas ist es, daß man auch den »Abfall« noch verwerten kann.
Man kann jedoch in der Regel mit einer sinnvollen Verwertung der Glasreste erst dann beginnen, wenn man schon eine Reihe von Tiffany-Objekten ausgeführt hat, denn erst zu diesem Zeitpunkt werden sich genügend kleine Glasstücke der unterschiedlichsten Sorte und Farbe angesammelt haben. Werfen Sie also nichts weg, sondern sammeln Sie den Verschnitt in einer dafür bestimmten Schachtel.
Mit der entsprechenden Übung, die Sie in der Zwischenzeit erworben haben, wird Ihnen die Herstellung kleinerer Objekte kaum noch Probleme aufgeben. Ein überraschend benötigtes Geschenk, eine kleine Aufmerksamkeit für jemanden lassen sich so mit geringem Aufwand und fast umsonst sehr schnell fertigen. Ein paar Anregungen zu solchen kleinen Geschenken, Accessoires und Schmuckstücken wollen wir Ihnen im folgenden geben. Der Phantasie sind aber keine Genzen gesetzt, und Sie werden im Laufe der Zeit die hier aufgeführten Beispiele sicherlich noch um ein paar hübsche kleine Objekte bereichern.

Bei der Fertigverlötung muß das Gewächshaus so gehalten werden, daß die Lötnähte waagerecht verlaufen, damit das Lötzinn nicht nach unten abtropfen kann. Günstigerweise lötet man jeweils die gegenüberliegenden Außen- und Innenkanten in einem Arbeitsgang.

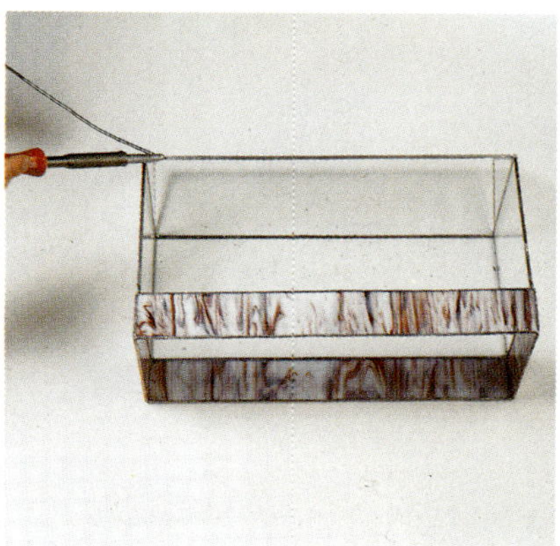

Zum Anlöten des Daches benötigt man einen Helfer.

Eine Saatschale aus Kunststoff kann als Bodenplatte verwendet werden.

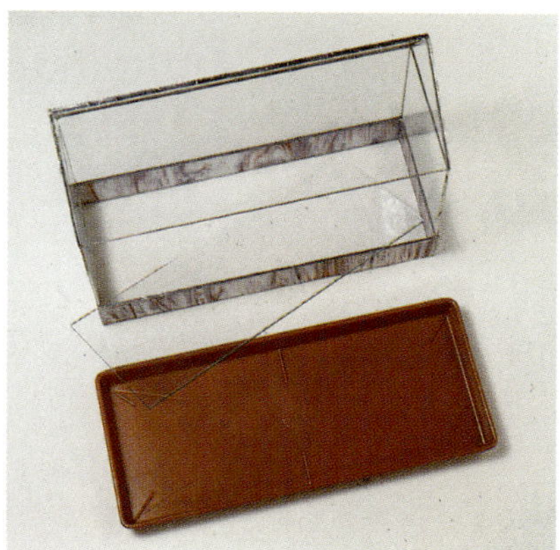

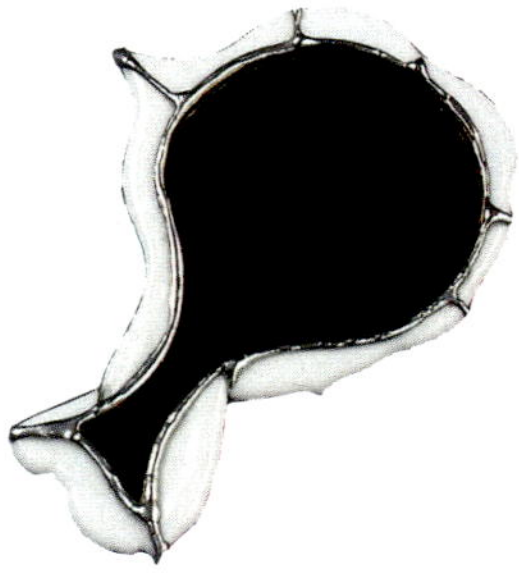

Glasreste müssen nicht auf dem Müll landen.

Sehr hübsch und besonders beliebt bei Kindern sind kleinere Tierdarstellungen. Spiegelscherben lassen sich durch ein paar bunte Glasstücke sehr dekorativ zu Taschenspiegeln verarbeiten, die in jeder Damenhandtasche Platz finden.

Der Fantasie sind bei der Verwertung von Glasresten keine Grenzen gesetzt.

Glas ist sehr vielseitig verwendbar; auf einer zugeschnittenen Tischplatte aus irisierendem Merry-go-round-Glas steht eine Schmuckkassette, die aus kleinsten Glasstücken zusammengefügt wurde.

Kleine Wandspiegel oder solche, die man aufstellen kann, lassen sich in den unterschiedlichsten Stilarten ausführen.

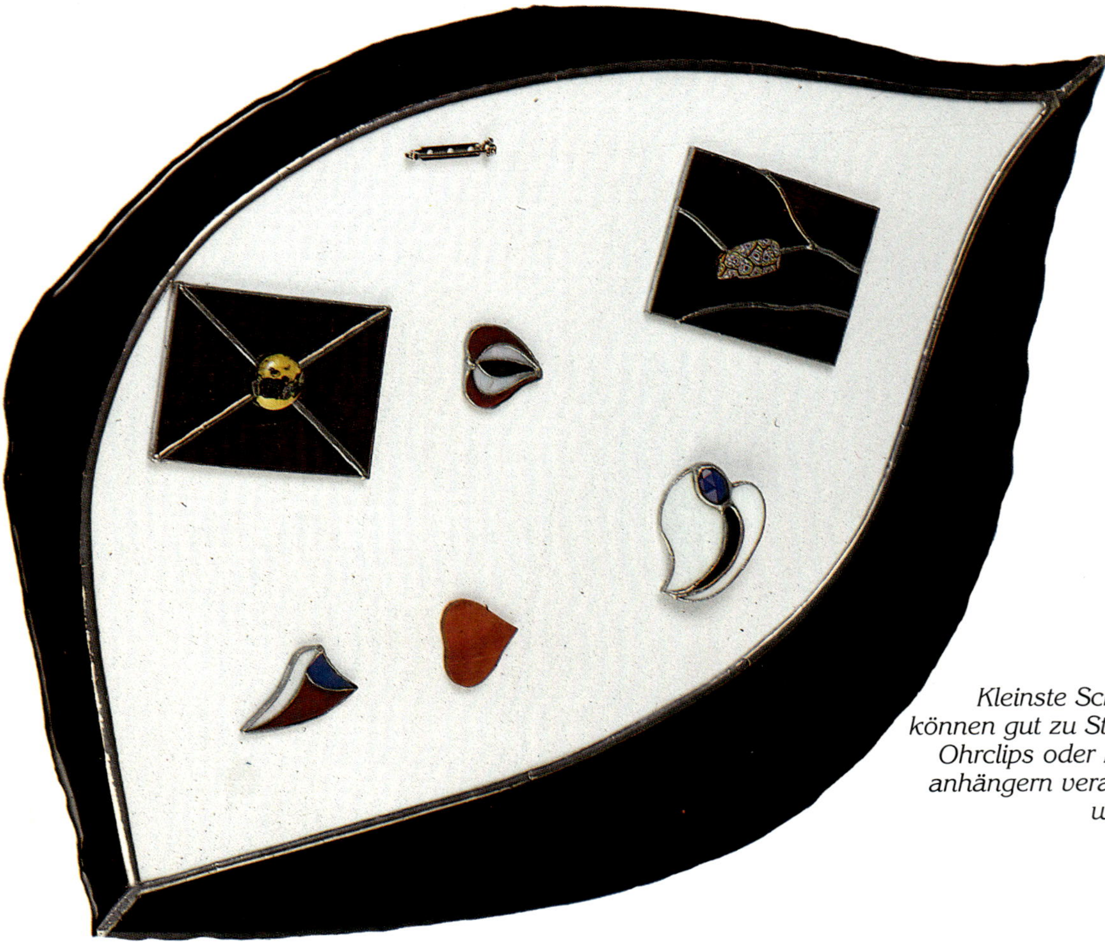

Kleinste Scherben können gut zu Stickern, Ohrclips oder Kettenanhängern verarbeitet werden.

Glasbildchen mit weihnachtlichen Motiven sind eine stimmungsvolle Fensterdekoration.

»Ideen aus Glas«

Objekte, Objekte, Objekte ...

Auch größere Pflanzen passen in dieses Gewächshaus, da das Dach abnehmbar ist.

Dieses kleine Häuschen ist schnell hergestellt, und je nach Glasfarbe werden viele Blüten dazu passen.

Zarte, exotische Pflänzchen »stehen« diesem ausgefallenen, feinen Glashaus besonders gut.

Die verspiegelte Rückseite dieses aufhängbaren Gewächshauses läßt eine schöne Bepflanzung noch üppiger erscheinen.

Dieses zierliche Gewächshaus ist ein schöner Rahmen für kleine Grün- und Blütenpflanzen.

Diese mit Schlingpflanzen bepflanzte »chinesische Pagode« ist eine Zierde für jeden Raum.

Kräftige Blütenfarben passen hervorragend zu diesem bunten Gewächshaus. Eine Rißzeichnung der Seitenteile ist auf Seite 79 beigefügt.

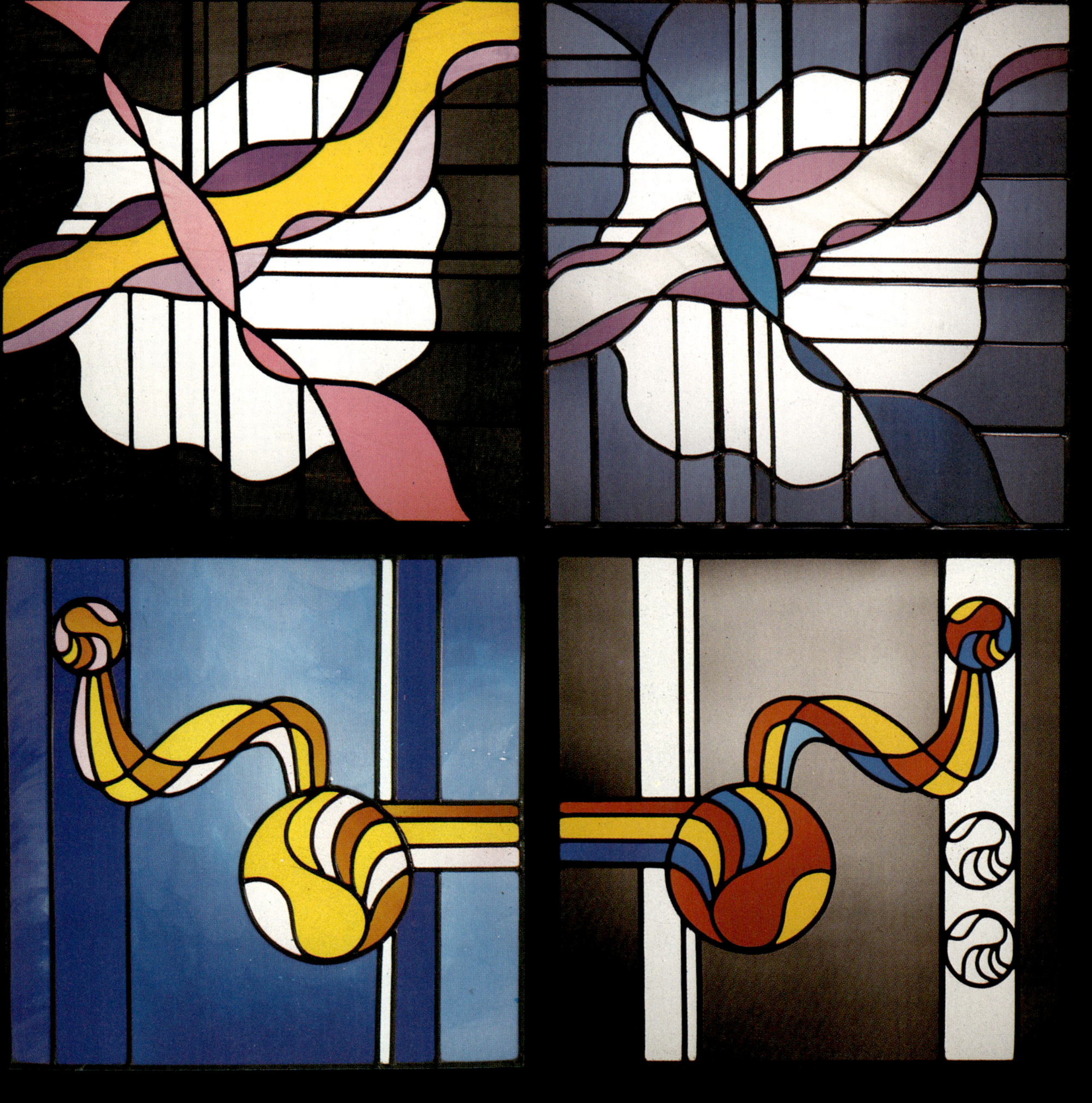

Abstrakte Formen und ausgewogene Farbharmonien wurden hier zu extravaganten Kompositionen zusammengefügt. Die Modernität dieser Bilder macht die Zeitlosigkeit des Materials Glas besonders deutlich.

Lichtkörper in Form von Pyramiden werden noch nicht sehr lange gebaut und dementsprechend wenige Vorlagen gibt es auch. Pyramiden und Obelisken aus Marmor, Onyx oder Holz waren in der Zeit der Art Deco schon sehr beliebt, und auch als Lichtkörper eignen sich diese zeitlosen und dekorativen Formen ausgezeichnet. Lichtpyramiden passen sehr gut auf Beistell- oder Ecktische von modernen Couchgarnituren, werden aber auch gerne – in etwas größerer Ausführung – einfach auf den Boden gestellt.

Originell wirken diese beiden Spiegelobjekte; in dem Diskus spiegelt sich ein modernes Gemälde. Die Teile für das untere Objekt wurden auf schwarzes Opalescentglas aufgeklebt.

Eine fantastische Landschaft in prächtigen, satten Farben aus Opalescentglas. Die Struktur des gestreiften Antikglases vermittelt die Himmelsfarben besonders gut.

Für große Fenster in hohen Räumen eignet sich diese mit anmutigen Pflanzenornamenten durchzogene Jugendstilarbeit vorzüglich.

Interessante Ergebnisse erzielt man auch durch die ständige Wiederholung von einfachen Formen. Sehr unruhige Kompositionen lassen sich gut in einer Farbe erstellen, da Glas in den feinsten Farbabtönungen ausgesucht werden kann.

Bambuslampe nach einem original Tiffany-Entwurf.

Der Name dieser sogenannten Barocklampe darf hier nicht irritieren, denn es handelt sich um eines der beliebtesten Jugendstilmotive.

Tischlampe aus acht Segmenten und nur zwei verschiedenen Glassorten

Hängelampe in Form der Tischlampe auf der gegenüberliegenden Seite in anderen Farben.

Diese Hängelampe im Stil der Art Deco verlangt eine entsprechende Umgebung.

Das kleine Lämpchen verbreitet eine behagliche Atmosphäre.

Diese Lampe mit der kleinen Blume gibt zartes, pastellfarbiges Licht ab.

Die oben geschlossene Lichtsäule aus Spiegeln und einer halboffenen Glasraute eignet sich gut als Postament für Vasen oder Pflanzen.

Spiegel mit auslaufendem Rand aus Opalescentglas

Eine ungewöhnliche Uhr mit eingelegtem Ziffernblatt aus Goldspiegelglas und kontrastierendem schwarzem Opalescentglas

Lichtstele oder Lichtsäule, die nach oben und durch die Glasmotive ihr Licht abgibt. Zu differenzierte Ornamente wirken bei größeren Lichtsäulen nicht, denn sie sollen ihren Reiz ja vor allem aus größerer Entfernung entfalten. Motive der Popart lassen sich bei solchen Lichtkörpern gut verwenden.

Rastertechnik und Rißzeichnungen

Rastertechnik

Bei der Herstellung von Glasbildern, Glasfenstern und Spiegeln muß ein Entwurf, den Sie selbst gefertigt oder übernommen haben, auf die gewünschte Größe des geplanten Objekts übertragen werden. Bei diesem Vorgehen bedient man sich der Rastertechnik.
Wenn Sie beispielsweise den nebenstehenden Entwurf für einen Spiegel in Apfelform auf eine andere Größe übertragen möchten, so müssen Sie die Länge und die Breite der Vorlage zunächst einmal exakt ausmessen. Bei unregelmäßigen Formen, wie der Apfel eine ist, wird jeweils die größte Ausdehnung in Länge und Breite gemessen. Das Verhältnis zwischen der gemessenen Länge und Breite können Sie nicht variieren, denn die Proportionen einer Vorlage müssen auch bei Vergrößerungen oder Verkleinerungen beibehalten werden.
Um eine Vorlage proportional zu vergrößern, legen Sie diese auf ein größeres Transparentpapier und ziehen eine Diagonale von der unteren linken Ecke durch die obere rechte Ecke auf das Transparentpapier hinaus. Sie können an jeder beliebigen Stelle der Diagonale das Lot auf die Grundlinie fällen, um die gewünschte Breite zu erhalten. Wenn Sie dann am Kreuzungspunkt von Diagonale und Lot eine waagerechte Linie zur linken Außenseite ziehen, erhalten Sie automatisch einen proportional vergrößerten Entwurf.
Wenn Sie die neue proportionale Größe bestimmt haben, so müssen Sie die Konturen der Original-Vorlage, also das Viereck aus den beiden gemessenen Kanten, auf Transparentpapier zeichnen und in gleich große Raster aufteilen. Legen Sie dieses Transparentpapier anschließend auf die Vorlage, so daß die Linien des Entwurfs durchscheinen.
Ähnlich wie Sie die Vorlage vergrößert haben, müssen jetzt auch noch die Raster proportional vergrößert werden. Sie errechnen die neue Rastergröße, indem Sie jeweils ein Vielfaches der Maße des ersten Rasters nehmen. Wenn die Raster auf dem kleinen Transparentpapier beispielsweise die Kantenlänge von zwei mal zwei Zentimetern haben, so können Sie diese Werte zum Beispiel mit drei multiplizieren, um ein proportional größeres Raster zu erhalten, das dann also sechs mal sechs Zentimeter groß wäre. Sie können natürlich kein beliebiges Vielfaches nehmen, denn die neuen Raster sollen ja den schon festgelegten großen Entwurf auch vollständig ausfüllen.
Da Sie aber eine proportionale Vergrößerung gewählt haben, werden Sie auf jeden Fall einen Multiplikator (bei Verkleinerungen: Divisor) finden, um die neue Rastergröße zu bestimmen. Zeichnen Sie dann diese Raster in den neuen Entwurf, also auf das Transparentpapier, dessen Größe Sie mit Hilfe der Diagonalen bestimmt haben.
Die Linien des Apfels, die jetzt jeweils in einem Raster des kleinen Original-Entwurfs durchscheinen, lassen sich nun ganz leicht in das entsprechende Raster des größeren Entwurfs übertragen, ohne daß man ein Meisterzeichner zu sein braucht. Bei komplizierteren Skizzen bietet es sich an, die Raster zu numerieren.

Mit einem Raster auf Transparentpapier kann man eine kleine Vorlage auf die gewünschte Größe übertragen.

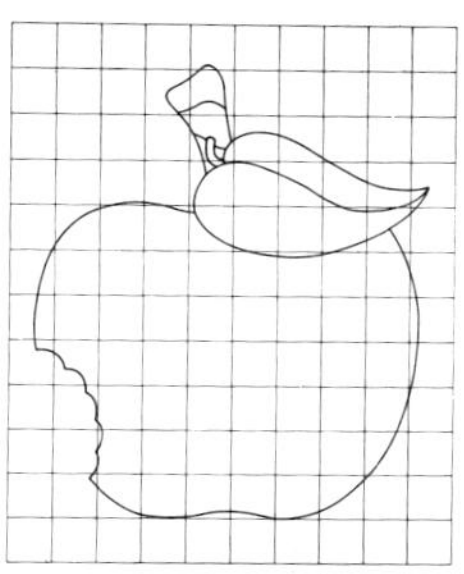

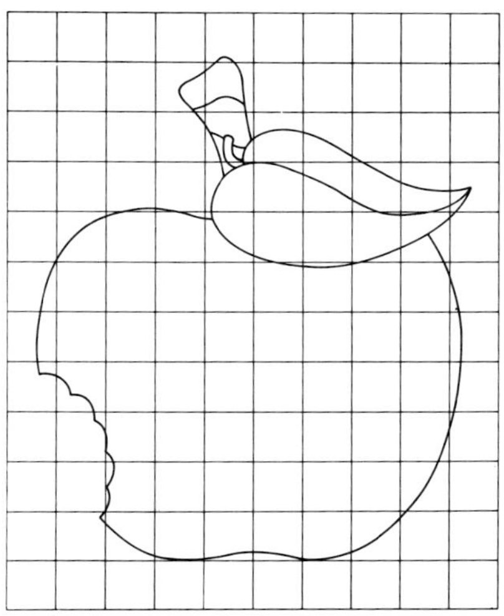

Mit Hilfe der Diagonale kann man die Größe eines Entwurfs beliebig variieren.

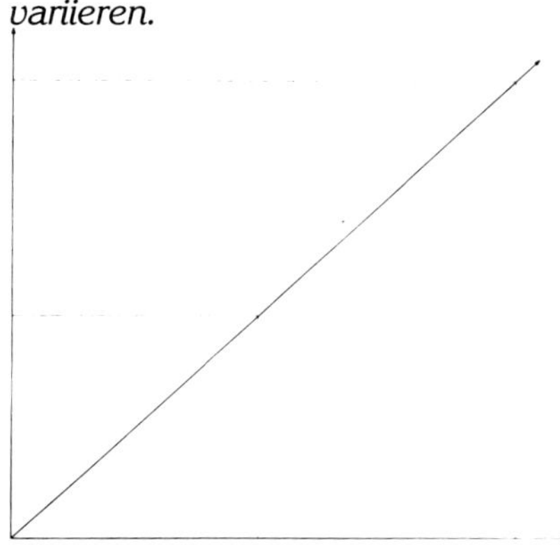

Rißzeichnungen

Rißzeichnung des Apfels
Die ungefähren Abmessungen des Apfels betragen:
Höhe 41 cm
Breite 39 cm

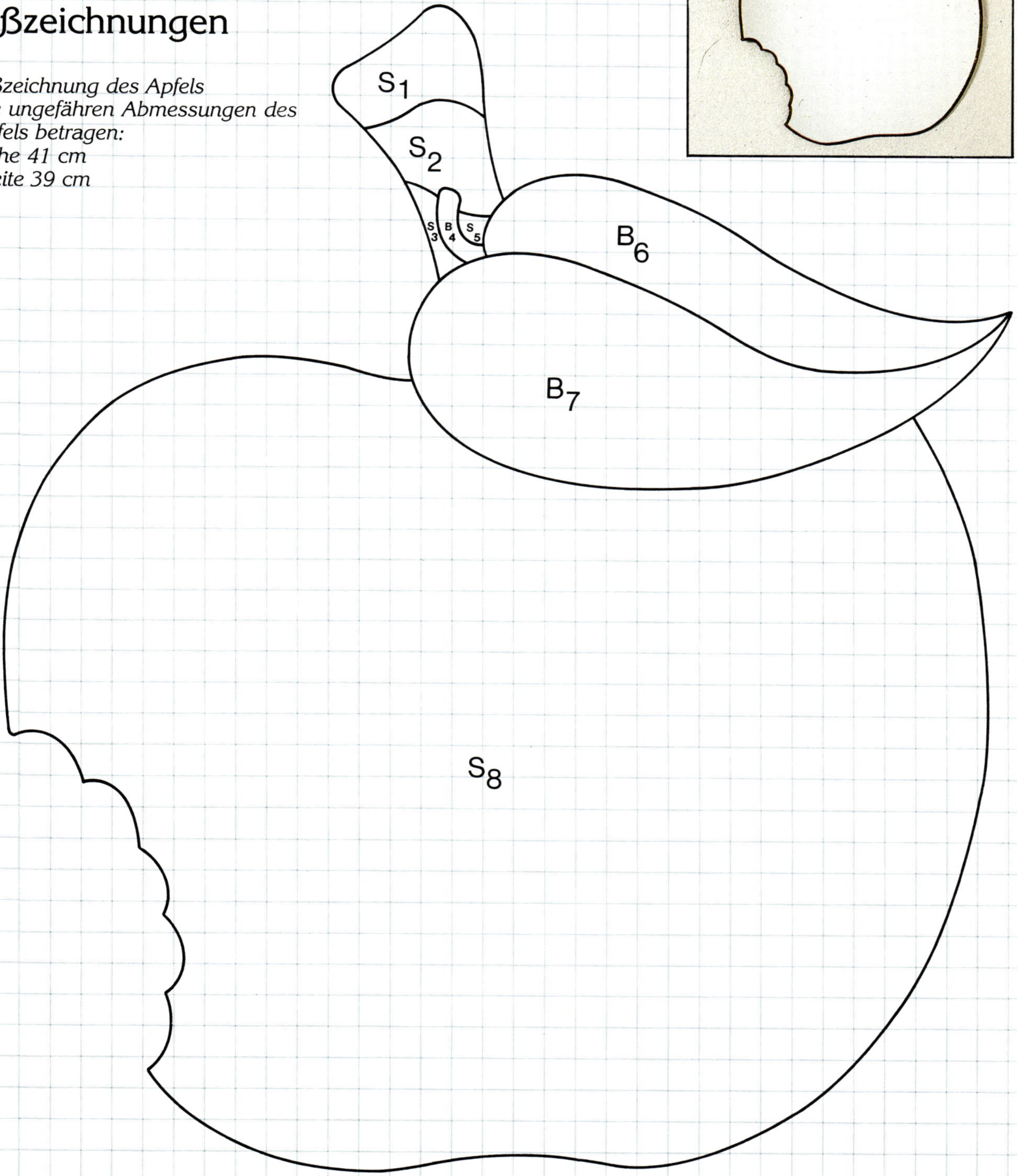

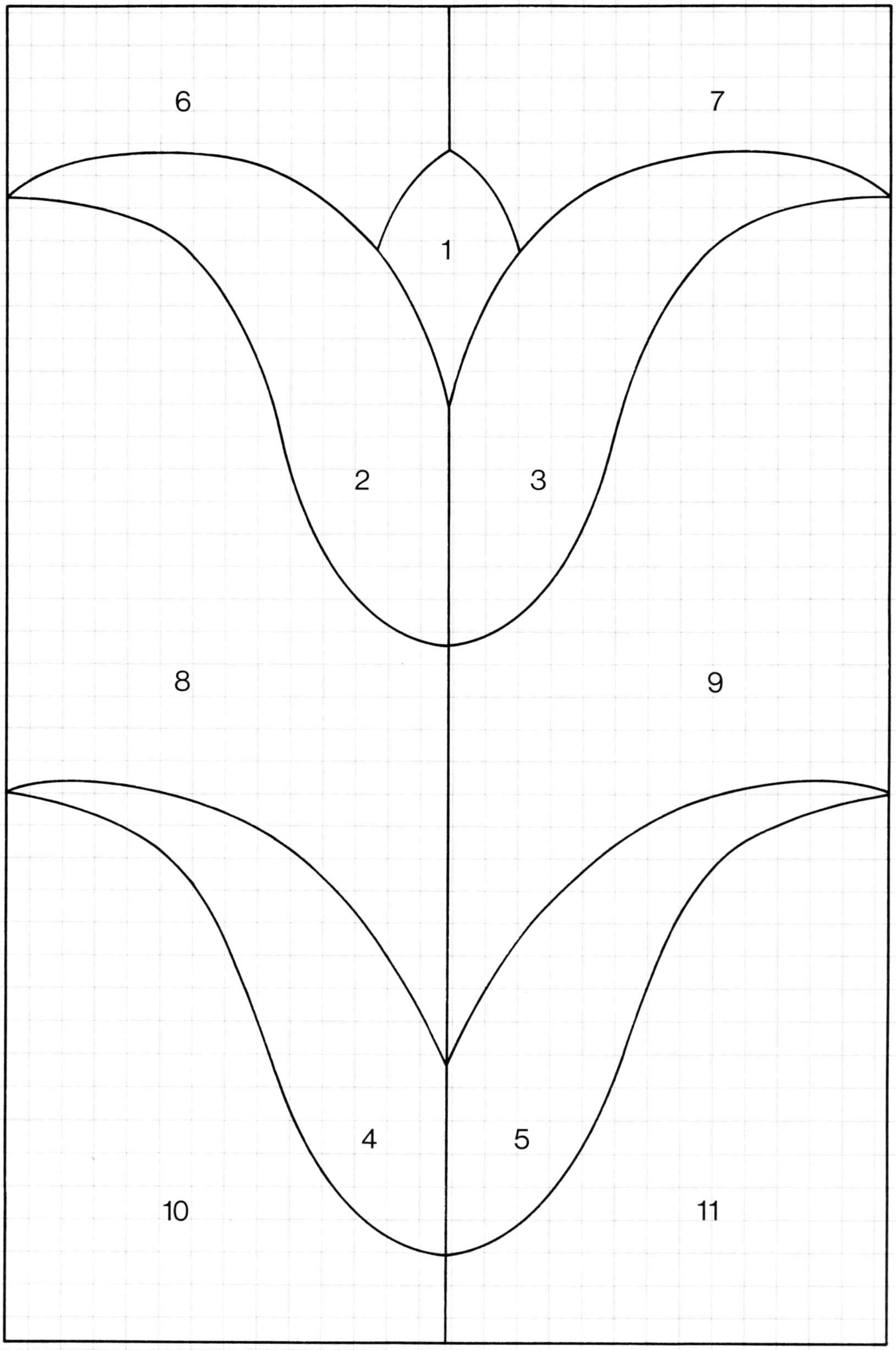

Rißzeichnung Bleiverglasung
Das Objekt hat die Maße: Höhe 48 cm, Breite 32 cm
(Die Abbildung der fertigen Bleiverglasung befindet sich auf Seite 48)

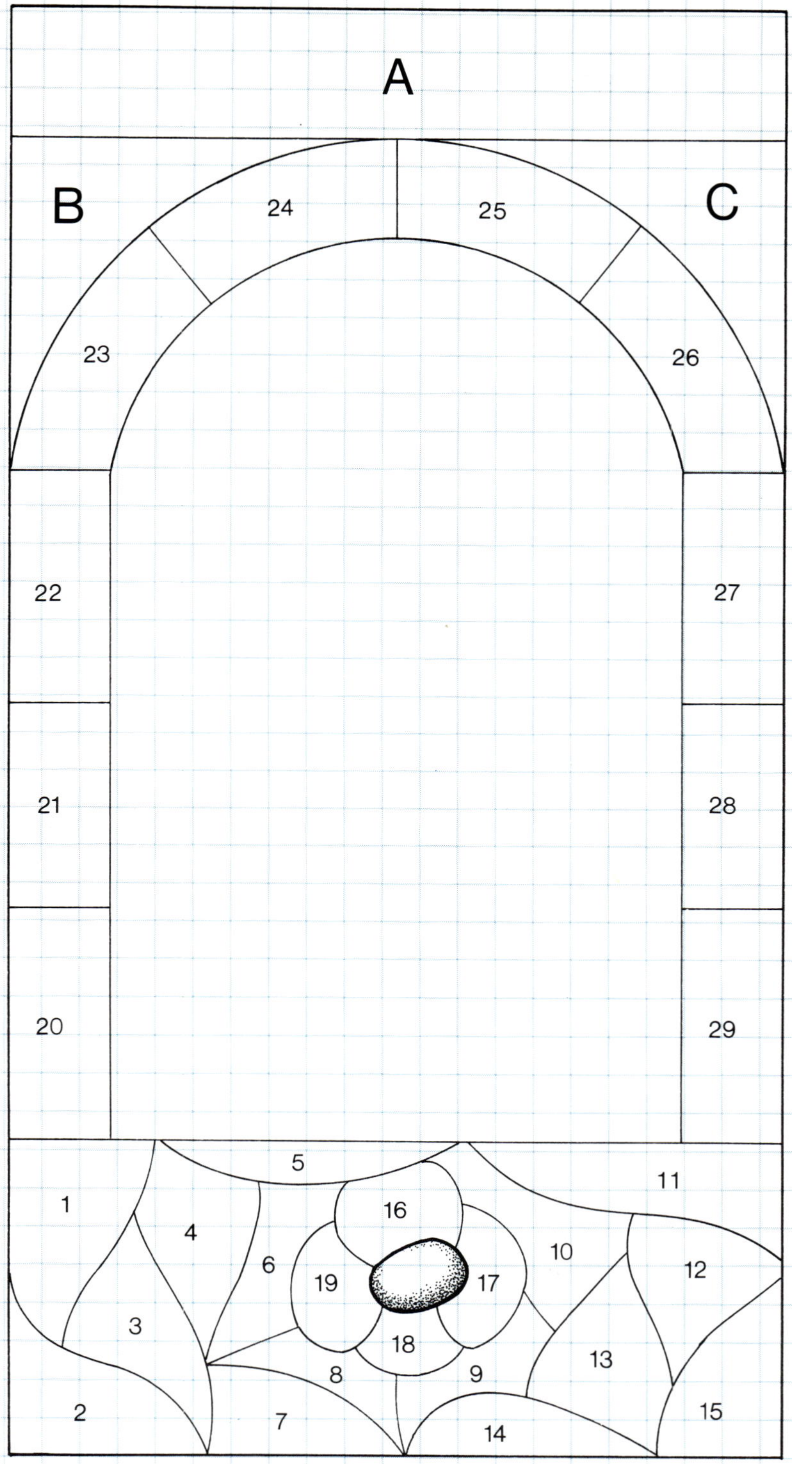

Rißzeichnung Gewächshaus
Originalgröße: Länge 28 cm, Breite 15 cm
Torsäulen 2 cm, 6 Dreiecke (Dach)
Antikglas 2 x 20 cm; 1 x 15 cm
Sechseck (Boden)
Fensterglas 15 cm Kantenlänge
(Die Abbildung des fertigen Gewächshauses ist auf Seite 61 zu finden)

Anhang

Glossar

Den gekauften Schablonen und Vollformen liegen häufig nur englischsprachige Anweisungen bei. Hier eine Übersetzung der wichtigsten Begriffe:

Rough backed: strukturierte Rückseite (Ripple)
Smooth backed: glatte Rückseite
Opal: Opalescentglas
Density: Lichtdurchlässigkeit
Amount: Menge
Solder: Lötzinn
Copperfoil: Kupferfolie
Copperwire: Kupferdraht
Perimeter: Umfang der unteren Lampenschirmkante
Diameter: Durchmesser
Leaves: Blätter
Border: Rand
Flowerpetals (FP): Blüten
Background (BG): Hintergrund
Vasecap: obere Lampenkante
Bridgeparts: Verbindungsstücke

Maßeinheiten:
1 inch: 2,54 cm
1 square inch (= sq.inch): 6,45 cm^2 (Quadratzentimeter)
1 foot: 0,3 m
1 square foot (= sq.foot): 929 cm^2
1 pound: 453, 6 g.

Für die Kupferfolie:
3/16 = 4,5 mm Breite
7/32 = 5,5 mm Breite
1/4 = 6,5 mm Breite
5/16 = 8 mm Breite
3/8 = 10 mm Breite

Alle in diesem Buch behandelten Werkzeuge und Materialien sind im Fachhandel erhältlich.

Bibliographie

Zur Person und zum Werk Louis Comfort Tiffanys
Hugh F. McKean: Louis Comfort Tiffany. 2 Bände. Aus dem Amerikanischen von Heidewig Fankhänel. München 1981. Knaur-Verlag
Speziell zu Tiffany-Lampen
Ingeborg Spliethoff: Tiffany-Lampen selbermachen. Arbeitsanleitung, Materialien, Modelle. Niedernhausen 1983. Falken-Verlag.
Speziell zu Tiffany-Spiegeln
Robin Thomas: Tiffany-Spiegel selbermachen. Materialien, Arbeitsanleitung, Vorlagen. Niedernhausen 1985. Falken-Verlag.
Speziell zu Glasfenstern
John Forbes: The Art Glass Windows. Phoenik/Arabeth 1981. Hidden House Publications.
Speziell zu Ornamenten
Ann V. Winterbothan: Treasury of Traditional Stained Glass Designs. New York 1981. Dover-Publications.
Speziell zu Kleinteilen
Judy Miller: Stained Glass Gifts. Palo Alto 1982. Hidden House Publications.

Impressum

Im FALKEN Verlag sind weitere Titel zum Thema Tiffany erschienen:
„Tiffany-Spiegel selbermachen" (Nr. 0761)
„Tiffany-Lampen selbermachen" (Nr. 0684)

An dieser Stelle möchte ich mich bei Herrn Rainer Zimmermann und Herrn Dieter Köhnen für die Überarbeitung der Texte und die Mitbetreuung des Buches bedanken. Außerdem danke ich Herrn Heinz Wickerath, der die in diesem Buch abgebildeten modernen Bleiverglasungen zur Verfügung gestellt hat.

ISBN 3 8068 0781 7

Titelbild: Fotostudio Burock
Titelgrafik: Lothar Mielau
Fotos: Nikolaus Köppel, Neuss
Zeichnungen: Brigitte Braun, Bad Schwalbach

Satz: Main-Taunus-Satz Giebitz + Kleber, Eschborn/Ts.
Lithos: Progreso Grafico
Druck: Neef, Wittingen

817 2635 44